编委会

编　　委：林小榆　黄洁华　王媛媛
　　　　　李丽珊
撰　　稿：曾春森　杨梓甜　胡橙橙
　　　　　冷婧菲　沈　歆
粤语播讲：李沛聪　祁宥君　陈嘉祺
　　　　　岑咏恩　韦志斌
普通话播讲：王文胤　王　琦　谢丹娜

湾区有段古系列丛书

李沛聪　主编

湾区非遗你玩晒

SPM
南方出版传媒
广东人民出版社
·广州·

图书在版编目（CIP）数据

湾区非遗你玩晒 / 李沛聪主编. — 广州：广东人民出
版社，2021.11
（湾区有段古系列丛书）
ISBN 978-7-218-15177-9

Ⅰ. ①湾… Ⅱ. ①李… Ⅲ. ①非物质文化遗产—介
绍—广东 Ⅳ. ①G127.65

中国版本图书馆CIP数据核字(2021)第153832号

WANQU FEIYI NI WANSHAI
湾区非遗你玩晒
李沛聪　主编

出 版 人：肖风华

项目统筹：黄洁华
策划编辑：夏素玲
责任编辑：李丽珊　张　芳
责任技编：吴彦斌　周星奎

出版发行：广东人民出版社
地　　址：广东省广州市海珠区新港西路204号2号楼（邮政编码：510300）
电　　话：（020）85716809（总编室）
传　　真：（020）85716872
网　　址：http://www.gdpph.com
印　　刷：广州市浩诚印刷有限公司
开　　本：889mm×1194mm　1/32
印　　张：6.625　字　数：80千　　　插　页：1
版　　次：2021年11月第1版
印　　次：2021年11月第1次印刷
定　　价：39.80元

如发现印装质量问题，影响阅读，请与出版社(020-85716849)联系调换。
售书热线：（020）85716826

前言 Preface

  粤港澳大湾区，是一个经济概念。在2019年，国务院发布《粤港澳大湾区发展规划纲要》，为把粤港澳大湾区打造成世界级城市群、国际科技创新中心指明了方向。

  但在"粤港澳大湾区"这个经济概念正式提出之前，"省港澳"，其实早已作为一个文化概念，存在了很长时间。

  所谓"省港澳"，指的当然是广东省、香港地区和澳门地区。自从明朝葡萄牙人聚居澳门、清朝英国殖民香港以来，广东、香港、澳门就一直作为中国南部对外交流的窗口而存在。

  其间，虽然各地的经济文化发展情况各有不同，但其交流之密切，互相影响之深远，让省港澳地区越来越成为一个独特的整体。

虽然省港澳三地有许多不同的特点，在不同的历史时期也有着不同的管治方式，但三地也有着更多的共通之处，尤其在文化上，同处中国岭南之地，同处沿海地区，文化上自然有着许多共同点。

例如，广东大部分地区与香港、澳门一样，日常都以粤语（广府话、白话、广东话）作为交流的语言；以广州、佛山为代表的广式饮食文化，与香港、澳门的饮食文化，更是同源同宗，有着许多共同的美食；粤剧、南狮、龙船等，都是三地共同的非物质文化遗产；省港澳三地从生活习惯到文化观念，都有着沿海地区务实、包容、开放、奋进的特点……

从清朝开始，省港澳地区就成为了推动中国发展的前沿阵地，从洪秀全到孙中山，从全国唯一的通商口岸到改革开放的试点，从小渔村到世界瞩目的东方之珠，这个地区一直为中国发展注入新的活力。到了现在，在"粤港澳大湾区"的概念之下，这个地区将会焕发出更新更强大的动力，继续为中国的发展贡献自己的力量。

这个满载着历史又充满了希望的大湾区，值得让更多人对它有更多的了解和认识。正是出于这样的想法，在多个团队的共同努力下，我们出版了这一套《湾区有段古》系列丛书，从衣食住行的方方面面，为大家讲述粤港澳大湾区，或者说"省港澳"的故事，希望让每一位读者对大湾区有更进一步的了解认识。

为了不让大家觉得沉闷，我们搜集了许许多多历史上的、传说中的、现实里的故事，希望大家通过这些有趣的故事，来了解大湾区。这些故事有不少都来自于民间的口口相传，不一定有标准的版本，但无论哪一个版本，寄托的都是湾区人民对美好生活的向往和善良、包容、奋进的价值观。

希望每一位读者都可以通过这些故事，加深对粤港澳大湾区的了解，同时感受它更多的魅力吧！

最后，要感谢每一位参与本书编撰、绘画的小伙伴，是你们的努力付出，让这套丛书的出版成为可能。

李沛聪
2021年夏

目 录
Contents

粤剧

　　2006年，粤港澳三地共同申报的"粤剧"被列入国家级非物质文化遗产代表性项目名录，并于2009年被列入联合国教科文组织人类非物质文化遗产代表作名录，成为全球华人和粤剧爱好者共同的瑰宝。

　　讲到粤港澳地区的非物质文化遗产，粤剧当然是首屈一指的代表之一。

　　根据史料记载，粤剧最早形成于明末清初时期，综合了从外地流入广东地区的高腔、昆腔，以及广东的民间乐曲小调等，逐渐成形。最初以"戏棚官话"夹杂粤语表演，到清末民初时期已经完全使用粤语，并形成了独特的表演体系与众多经典剧目。

　　粤剧最初主要在珠三角地区流行，到了清朝末年，随着香港和澳门地区经济发展，粤港澳地区交流越来越多，不少粤剧艺人和戏班开始到香

普通话音频

粤语音频

港、澳门表演、谋生，并在当地落地生根，大受欢迎，成为粤港澳三地人民共同的娱乐方式和文化记忆。到了后来，一些戏班还到各地戏院巡回演出，被称为"省港大班"，一些粤剧名伶更成为粤港澳三地人民共同追捧的明星。

中华人民共和国建立后，粤剧又多了一个"南国红豆"的美称，而这个美称的由来，竟出自周恩来总理。

在1956年，广东粤剧团到北京参加会演。当时表演的是由粤剧名伶马师曾和红线女主演的《搜书院》。这一次演出大获成功，备受好评，在演出之后，周恩来总理还专门到后台探班。后来，在一次昆曲研讨的座谈会上，周总理说起昆曲与粤剧，将昆曲比喻为"江南兰花"，而粤剧则比喻为"南国红豆"。自此之后，粤剧便有了"南国红豆"之称。

凉茶

2006年，凉茶被列入国家级非物质文化遗产代表性项目名录；2017年，被列入香港非物质文化遗产代表作名录；2019年，被列入澳门非物质文化遗产名录。

现在，随着凉茶饮料走向全国各地，喝凉茶的人越来越多了。但真正正宗的凉茶，恐怕还是要在粤港澳地区才能喝到。

凉茶，对于粤港澳地区的人来说，既是饮料，又是良药，甚至有人开玩笑说"其他人身体里流的是血，广东人的身体里流的是凉茶"。为什么这个地区的人们特别爱喝凉茶呢？

原来，广东地区因为地处南方，天气炎热、空气潮湿、水质偏热，在这里生活的人们特别容易"上火""燥热"，引发各种疾病。当地人经过长期实践，根据中医养生理论，总结出一些具有清热解毒、生津止渴、降火去湿的中草药配

普通话音频

粤语音频

方，并烹制成凉茶以便日常饮用。据说最早的凉茶，是由东晋时期的葛洪创制的。而到了清朝后期，著名的禁烟名臣林则徐，还跟广东凉茶有过一段故事。

当时林则徐被道光皇帝任命为钦差大臣，奉命到广东禁烟。因为辛苦操劳，又对气候不适应，林则徐不久就病倒了，随行的医生都束手无策。

这时候，有人忽然想起凉茶可以治疗水土不服，于是跑到十三行的凉茶铺为林则徐买来一剂凉茶。林则徐心想好歹试一试吧，想不到只服一剂，竟然就药到病除。事后，林则徐十分感激，还专门叫人打造了一个大铜葫芦送给凉茶铺。后来，凉茶铺都喜欢放一个大铜壶作为标志，这个做法正是源自于林则徐的这个大铜葫芦。

端砚

2006年，端砚制作技艺被列入国家级非物质文化遗产代表性项目名录。

相传在北宋年间，名臣包拯被派到广东的端州任知州。当时的端州交通闭塞、天气炎热，并非什么好去处，但包拯毫无怨言，义无反顾地上任。

到任之后，包拯了解到当地出产的砚台，是朝廷指定的贡品，十分珍贵，称为"端砚"。本来按照朝廷规定，每年只需向朝廷进贡十块即可，但历任官员层层加码，令当地劳工苦不堪言。

包拯一向为官清正，上任之后大力整顿当地吏治，打击贪官污吏，减轻百姓负担，地方一片兴旺景象。

三年之后，任期已满，包拯奉调回京，百姓纷纷前来送行。当地的士绅准备了不少礼物，但

普通话音频

粤语音频

都被包拯一一拒绝。包拯告别百姓，登船起程，谁知船至中途，江上忽然狂风大作，浪涛汹涌，几乎把官船打翻。

　　包拯心想自己为官清正，老天爷为何与自己为难？莫非手下有人暗中受贿？于是下令搜查。最后他的书童忽然想起，说日前收了一块端砚，没有在意就带上船了。包拯黑起脸把端砚取出，一手抛入江中，只见砚一入水，江面上即时风平浪静，官船转危为安。

　　这就是"包拯不持一砚归"的故事，而故事中的端砚，则产自广东肇庆的端州，从唐宋时期起，当地就以产砚著名。端砚与甘肃洮砚、安徽歙砚、山西澄泥砚并称中国四大名砚，为众砚之首。据说好的端砚不论寒暑，用手按其砚心，便会湛蓝墨绿，水汽久久不干，所以有"哈气研墨"之说。

醒狮

2006年，狮舞（广东醒狮）被列入国家级非物质文化遗产代表性项目名录。

相信很多朋友都看过黄飞鸿系列电影，对《狮王争霸》里面黄飞鸿舞狮的英姿印象深刻。舞狮，正是南粤地区大受欢迎的传统节庆项目。

相传，早在五代十国年间，舞狮就从北方传播到岭南地区，成为民间习俗之一，并且发展出与北方"北狮"大有区别的"南狮"。那么舞狮这个习俗，究竟从何而来呢？

据说在古代，一批移民来到岭南地区定居，开荒垦殖、勤奋劳动，眼看丰收在望，谁知到了晚上，却出现一只发出阵阵怪叫的独角怪兽将农作物破坏得乱七八糟，还伤害禽畜，弄得鸡犬不宁。

百姓十分气愤，但又担心如果杀伤这头怪兽，可能会得罪神明，于是用竹篾、彩纸制成形

普通话音频

粤语音频

状凶猛的狮子，再用彩布做成狮身，挑选健壮的男子戴着狮头，带着锣鼓，埋伏在怪兽出没的地点。到了晚上，怪兽再出现的时候，村民们便锣鼓齐鸣，舞动着"群狮"向怪兽猛冲过去，将那怪兽吓得落荒而逃。经此一役，独角怪兽再也不敢来残害农作物了。

自此之后，舞狮就成为了当地庆祝喜事、祈求好运的传统仪式，代代相传了下来。

除此之外，关于舞狮的来由，还有另外一个说法。传说有一年，在佛山地区暴发一场可怕的瘟疫。有位长者建议，如果要战胜瘟疫，就必须大兴正气、遏止邪气，才能保得百姓平安。大家认为，狮子是天上的护法灵兽，更是百兽之王，定能镇住邪气。于是百姓用竹篾扎成狮头形状，糊上纸，绘上狮子图案，由壮汉举舞，敲锣打鼓到各家各户入宅舞狮，为居民祈福消灾。不久，患病百姓逐渐痊愈，瘟疫终于过去。因此，民间舞狮祈福消灾逐渐形成习俗。

陈李济

2008年，传统中医药文化(陈李济传统中药文化)被列入国家级非物质文化遗产代表性项目名录。

讲到中医药，流传着"北有同仁堂，南有陈李济"的说法，陈李济在岭南地区可谓家喻户晓，到现在已经有400多年历史了。古时候的医药铺大多数都叫"堂"，例如：同仁堂、九芝堂、胡庆余堂等，那么陈李济这个店名又是从何而来呢？

相传，在万历年间，广东有个叫陈体全的人，在临近春节的时候去佛山收取货银，在收到货银后又急忙乘船回广州。由于太过心急，匆忙上岸的陈体全居然将货银遗忘在船上，回到家里后才发现货银丢失了。陈体全万分着急，抱着小小的希望，顺着原路寻找，但是一直走到码头都

普通话音频

粤语音频

没见到货银的影子。正当他感到无望准备放弃的时候，一个在码头上观望已久的男子走过来跟他搭话。交谈之下，陈体全才得知自己的货银被这位叫李升佐的男子捡到，他为了寻找失主，在码头上已经等待了大半天。

　　陈体全对李升佐原封不动地奉还货银的举动感激不已，表示愿意拿出一半的货银赠送给他，但李升佐坚决不愿意接受。陈体全得知李升佐是一个郎中，在广州经营中草药店，于是就提议将这些银两用来投资李升佐的中药店。两人写了一份合伙书，里面写着"本钱各出，利益均占，同心济世，长发其详"，并把草药店名改为"陈李济"，意为陈李合伙经营，同心济世。

游龙醉步

2008年，龙舞（醉龙）被列入国家级非物质文化遗产代表性项目名录。

在我国民间，舞龙表演种类繁多，各地都有自己的特色，其中中山市西区长洲村的龙舞就十分特别，以"醉"为特点，融汇了南拳、醉拳、杂耍等技艺，舞狮人手拿龙头和龙尾两截，舞出"形醉意不醉、步醉心不醉"的独特形态，称为"游龙醉步"。

传说，在两百多年前的农历四月初八浴佛节那天，有个和尚来到长洲村一条小河边洗澡，刚脱下衣服，突然有条大蟒蛇冲向他。和尚吓了一跳，连忙拔出宝剑，把蟒蛇斩成几截，丢在了河边。

这时正好有个多喝了几杯酒的老渔翁路过，他见蟒蛇断成几截，觉得甚为可惜，于是，这位老翁似醉非醉地抓起蛇头，又搬来蛇尾，胡乱

普通话音频

粤语音频

地跳起舞来。这一舞，竟然使那条蟒蛇死而复生，变成了一条龙，腾空而去。这个传说流传下来，在中山一带就形成了舞醉龙的风俗。

中山的醉龙舞虽然已经有数百年历史，但曾经却几乎失传。根据当地老一辈的醉龙艺人黄焯根回忆，在他小时候，他的父亲和村里的一些老人都擅长舞醉龙，他自己也从十来岁就开始舞醉龙。但醉龙舞曾遭到禁止，一时之间几乎在民间消失了，甚至连醉龙这种舞具也难寻踪迹。

有一天，年轻的黄焯根偶然在一堆垃圾里发现了一件舞具——醉龙头，他趁人不注意就拿回家，收藏了近20年。此后，对醉龙难以割舍的黄焯根，时常拿起醉龙自娱自乐，后来还召集一些乡亲父老一起舞醉龙，这才让这一独特的民俗得以传承下来。

清溪彩扎麒麟

    2014年，彩扎（麒麟制作）被列入国家级非物质文化遗产代表性项目名录。

    广东地区有个说法，叫"西狮东麟"，说的是以珠江为界，珠江西岸流行舞狮子，而珠江东岸则流行舞麒麟。

    传说舞麒麟的由来可以追溯到唐朝，本来是宫廷庆祝丰收年的仪式，到了明朝灭亡后，舞麒麟的艺人流落民间，就将这个仪式传播开来，并随着客家人的大迁徙，进入福建、广东等南方地区。

    要舞麒麟，当然需要制作麒麟。在东莞市的清溪镇，麒麟制作已经有两百多年的历史，其中最具代表性的"高华麒麟"，制作工艺更是五代相传。据说其先祖曾经在惠阳拜师学习制作麒麟

普通话音频

粤语音频

的手艺，早在清嘉庆年间的时候，就开设了高华纸扎店，制作各种纸扎作品，其中以麒麟最受欢迎。到了后来因为生意太好，就专门只做麒麟头了。

　　一开始，高华麒麟的制作比较传统，成品比较重，舞动起来缺少灵动，第三代传人改进了制作工艺，麒麟的重量减轻了，而色彩用料更为丰富。这样制作的麒麟，更适用于麒麟舞，在舞动时，"眼睛"和"下颚"会惟妙惟肖地开合抖动，看起来就像麒麟在眨眼和吐纳。

水上婚嫁

2008年，汉族传统婚俗（斗门水上婚嫁习俗）被列入国家级非物质文化遗产代表性项目名录。

在闽粤一带沿海的水道上，住着一些以船为生、以船为家的"疍家人"。相传，秦始皇在位的时候，发动了50万大军南征，消灭了当时的南越国。国家灭亡，百姓流离失所，一部分不愿意向大秦臣服的土著越人，就逃往江湖上，从此以捕鱼为生，终日不上岸，以船为家。

以前疍民不能上岸陆居，官府也不给他们颁发户籍，当时的社会观念更是对"疍家人"充满歧视和排挤。陆上居民看不起"疍家人"的穷酸，遇上失窃、盗抢等事件首先把矛头指向"疍家人"。直到清雍正七年，官府才允许他们上岸

普通话音频

粤语音频

务农，与陆地居民混居。水上人生活在水上，婚嫁离不开船，但由于上了岸，婚嫁习俗又融合了广府和客家的婚俗文化，在珠海斗门就有了"水上婚嫁"。

斗门水乡河涌密布相通，房屋比邻而盖，每户都有埠头，形成独特的婚嫁习俗——水上婚嫁。据资料记载，"疍家"如果家中有还没婚配的男子，就在船头摆放一盆草，如果是女子，就在船头放上一盆花，媒婆自然就知道怎么样牵红线。斗门水上婚嫁过程形式繁复多样，讲究礼仪，有"坐高堂""上头""叹家姐""花船迎亲""拜堂"等十多个环节，用船为交通工具，以"咸水歌"贯穿整个婚嫁活动过程。其中的"花船迎亲"，向"船太公""海龙王"敬拜等内容明显带有"水"的特征，具有独特的水乡风情。

罗浮山下的百草油

2011年，中医传统制剂方法（罗浮山百草油制作技艺）被列入国家级非物质文化遗产代表性项目名录。

在粤桂等地，提起罗浮山百草油，可谓妇孺皆知。无论内服还是外用，其药效都十分显著。关于百草油的传承人，有个很奇妙的现象，这个早在一千多年前就已经创制出来的良药，传承至今却只到第六代，莫非每代传人都有几百岁的寿命？

原来，在1600多年前，东晋道学家、医学家葛洪来到罗浮山修道炼丹，他采集罗浮山百草，熬炼出了"百草药油"。不过葛洪虽然是百草油的创制鼻祖，却不是现今百草油的第一代传承人，因为经过上千年的时间，他当初的药方早已失散不齐。

普通话音频

粤语音频

　　直到明末清初的时候，罗浮山黄龙观有个道士叫陈伯辉，他四处收集葛洪的古方，整理研究，花了二十年炼出百草油，成为了百草油第一代传承人。此后，药方在道观的道士中传承，秘不外宣，而道士又无史可查，因此这些道士整体作为第二代传承人。直到近代因为战乱，百草油处方和技艺才流落民间，由罗浮山下一村民陈玉泉收藏，他便是第三代传承人。抗战时期，陈玉泉为了保护百草油秘方不落入日本人手中，英勇牺牲。他的儿子陈乐山作为第四代传承人，在父亲去世后带着秘方到南洋避难。

　　1969年，罗浮山制药厂成立，陈乐山回国将百草油秘方捐献给制药厂。当时制药厂的厂长叶国经，以陈乐山的处方和制法为蓝本，结合罗浮山老道士和老药农的方子，延续了百草油的制作技艺，而叶国经也成为了罗浮山百草油第五代传承人。而在制药厂里，廖志钟和陈新泉在继承传统制法及传统理论的基础上，研究和优化关键工艺参数，使罗浮山百草油的制作从传统手工制作发展到使用现代化机械辅助生产，他们两人也就成为了第六代传承人。

行花街

2007年，迎春花市被列入广东省非物质文化遗产代表性项目名录。

花街，又称为花市、迎春花市。每逢春节之前，广州人都喜欢到花市逛一逛，粤语称为"行花街"，既能采购到过节的鲜花，更希冀为一年带来好运，是广州地区新春期间必不可少的一项活动。

广州花市起源于"花渡头"，其形成时期可追溯到明朝甚至之前。当时广州花市与罗浮山的药市、东莞的香市、廉州的珠市，被称为"广东四市"，后来花市越开越多，从城门一带发展到市区，品种也更为丰富。

现在的广州花市售卖的花卉品种繁多，更有各种新奇好玩的玩意，而在早期，广州花市却只卖一种花——素馨花。

普通话音频

粤语音频

关于素馨花，有一个美丽的传说。相传五代时广州海珠区庄头村有个叫素馨的种花姑娘，长得非常漂亮，她从小偏爱耶悉茗，种了很多，还用绿丝线把花串成串，戴在颈上。当时正值南汉皇帝登基，广招美女，素馨姑娘被选入宫中，深得皇帝喜爱。皇帝为投素馨所好，下令把皇家花园都种上耶悉茗，宫女也都要佩戴此花。每天早上宫女们起床梳洗的时候，花飘落水，积满了下游的湖泊，这便是广州最早的流花湖。后来素馨在宫中去世，皇帝很怀念她，在埋葬她的花园中种满了耶悉茗花。南汉王朝结束后，庄头村的村民们将素馨的尸骨迎回来埋葬，三天之后，人们惊奇地发现素馨的坟头长满了一簇簇洁白的耶悉茗。为了纪念素馨姑娘，人们将耶悉茗改名为素馨花。

舞草龙

2007年，疍民过年习俗被列入广东省非物质文化遗产代表性项目名录。

粤港澳大湾区因为傍水而居，所以居住着不少在水上生活的疍家人，他们的生活习惯与陆上人家有许多不同之处，也有不少极具特色的风俗，例如深圳南澳疍民的"舞草龙"，就是其中之一。

疍民因为长年生活在船上，以捕鱼为生，与大海为伴，对于海上的自然灾害十分敏感。为求出海捕鱼时风平浪静，合家平安，每逢农历初一、十五便在船上架起香火祭拜妈祖。

当地传说，一天晚上妈祖显灵，托梦给南澳一位德高望重的老人，告诉他在农历正月初二晚上，合众人之力用舞龙和香火的方式向大海拜祭，可以压制龙卷风，保大家出海安全。于是，

普通话音频

粤语音频

渔民们按照妈祖的指示，在正月初二那天组织青壮年上山采割剑草，扎成草龙，并且在龙身和龙头上插满燃烧的香火。

夜幕来临之际，数十个疍家青年组成的队伍就在沙滩上将草龙舞动起来，渔民纷纷奉上生果、水酒等祭品，燃起爆竹和纸宝，向大海祭拜。舞完之后，就地在海滩上将草龙焚化。果然接下来这一年大家出海都平安归来，渔获甚丰。自此之后，舞草龙就成为了当地过年必不可少的祭祀仪式了。

泮村舞灯

2008年，灯会（泮村灯会）被列入国家级非物质文化遗产代表性项目名录。

正所谓各处乡村各处例，每个地方都有自己独特的民俗活动，在开平市泮村乡，就有一个别具特色的舞灯习俗。举办灯会的时候，家家户户张灯结彩，爆竹声不绝于耳，村民簇拥着三米多高的大花灯，前有罗伞开路，两旁有龙、狮相随，从早到晚，游遍全乡四十二个自然村。

相传，在明朝年间，贪官横行，盗匪横行，民不聊生，泮村十三世祖邝健斋眼见如此景象，心里十分难过，于是决定前往拜见曾在泮村执教的名儒陈白沙，求教消灾避祸、让百姓安居乐业的办法。

陈白沙综观泮村的地形特征，认为泮村有狮山、虎山、象山、马山、牛山五座黑石兽山，

普通话音频

粤语音频

有五兽镇村，本来可以确保平安的，但是作为五兽之王的狮子昏睡未醒，其余四兽顽皮贪玩，趁机捣乱，才导致当地灾祸连连。他建议在每年农历正月十三，乡中每户人家都挂灯鸣炮、敲锣打鼓，把狮子吵醒，以震慑四兽。经过村里的老人商量，决定糊一个大灯当球逗醒狮子，让它管住四兽。

于是就在农历正月十三这一日，邝姓各乡的村民纷纷点灯鸣炮，敲锣打鼓，摇旗呐喊，抬着大花灯出游。这一招果然灵验，泮村渐渐恢复了往日的宁静平安，百姓也得以安居乐业。

自此之后，每年泮村民众都会举办舞灯活动，以消灾祈福、辞旧迎新。

行通济

2007年，行通济被列入广东省非物质文化遗产代表性项目名录。

"行通济，无闭翳"这句谚语在佛山人人皆知，意思是在正月十六这一天到通济桥上走走，这一年就没有烦恼、没有病痛，事事顺利，生活幸福美满。从清晨到夜幕降临，当地人就会举着风车，摇着风铃，提着生菜，由北到南走过通济桥，把"顺利""生财"带回家。那么，这个"行通济"的习俗，是从何而来的呢？

传说在古时候，通济桥这一带是人口密集的繁华之地，可惜有一条河相隔，两岸的居民只能使用小舟或涉水渡河，通商往来很不方便。人们盼望可以建一座桥，以解决两岸生活的相隔之苦，但是穷苦老百姓连温饱都困难，哪里有巨资建桥？

普通话音频

粤语音频

有一天，有位手里拿着红布包袱的道士，来到河边一间小茶馆歇息喝酒，眼见人们艰难渡河的境况，动了恻隐之心。在酩酊大醉后，他喃喃自语"通吾困，济吾贫"，念完之后，只见道士的身体突然一闪，天空中划过一道金光，道士已经不见踪影。等大家回过神来，发现道士把红布包袱留在桌子上，打开一看，都是白花花的银子。众人回忆道士"通吾困，济吾贫"之语，认定这是仙人所赐，于是便用这些银子建成了通济桥，令两岸的居民可以方便地往来。

　　"行通济"的习俗大概始于明末清初，乾隆年间最为鼎盛，至今已有400多年的历史。进入21世纪，这一古老的民俗焕发出新的生机，后来还形成了盛大的献爱心、捐善款活动。

卖身节

2007年，东坑卖身节被列入广东省非物质文化遗产代表性项目名录。

提到东坑卖身节，很多人可能第一反应会问："这是什么节日，难道过节要卖身？"当然不是，要是你被这个民俗的名字吓得不敢参加，就会错过东莞这个独具地方特色的盛大节日。

相传明末清初时，东坑塘唇村有一卢姓的大户人家，想赶在清明之前开耕种田，于是在农历二月初二这天，在村前张贴雇佣告示，雇请身体强壮、勤恳老实的农耕长工。自此以后，这个做法在当地形成了习惯，每年到了这一天，想要找工作的青年便会坐在村前的围篱上，头戴斗笠，身披粗布以示"卖身"，等待有钱人家雇请，而被雇用的时间俗定为一年。

古老的节日往往伴随着美丽的传说，据说东

普通话音频

粤语音频

坑民风盛行"卖身"后，引起了天上神仙的关注。于是，仙人下凡到东坑考察民情，大行善事，为"卖身"的人送祝福，使"卖身"的人来年都丰衣足食。

　　这个传说慢慢传开后，"卖身日"就成了当地和四乡人的"遇仙日"。此后每年一到"卖身日"，远近的商贾和游人都会来到东坑镇"遇仙"，而东坑的家家户户则会准备一大锅濑粉，让外来祈求遇仙的人从门前路过时吃上一碗，也期望可以让神仙在自家停下脚步。那些来这里遇仙的人往往都会买一件物品，以示遇到了仙人，带回好运。这个约定俗成的"卖身节"，延续至今已有三百多年历史。

2008年，新会葵艺被列入国家级非物质文化遗产代表性项目名录。

葵扇，是用岭南地区十分常见的蒲葵制成的，是当地人在电风扇和空调发明之前最常用的消暑工具。

事实上蒲葵叶本身就呈扇状，可以用于扇风，既耐用又好看，不过要长久使用，还是需要通过良好的制作工艺进行加工，江门新会的葵艺，就正是其中的代表。

用蒲葵制作葵扇，需要经过剪、晒、焙、缝四道工序。先留下蒲葵完整的扇面，经过剪裁，在阳光下曝晒使其干燥，最后将叶片的边缘缝制起来，就制成一柄葵扇了。

不过要在葵扇上面作画，就不是那么容易的事，毕竟树叶光滑，难以吸收颜料。那么新会的葵艺，究竟是如何在葵扇上绘画各种图案的呢？

普通话音频

粤语音频

　　据说在早年，制作葵扇的工艺人一直苦于没办法在葵扇上作画。有一次，有个工人在烤焙葵叶的时候，不小心烤过了火候，将葵叶烤焦了。而他将烤焦的葵叶拿起来一看，却发现一些轻微烤焦的部位显现出一种独特的枣红色。有了这个发现之后，工匠们大受启发，尝试用烧红的铜丝在葵扇上作画。这个作画方式难度极大，葵扇又薄又干，如果铜丝停留的时间太长，便会将葵扇烧破，但如果画得太轻，那么铜丝便无法在扇面上留下痕迹。经过反复尝试，当地的工匠们掌握了用铜丝作画的方法，做出的成品古朴幽雅，淡黄的叶面加上枣红色的图画，浑然一体。

　　后来，有了越来越多的葵扇制作工艺，江门新会的葵艺也一度成为当地一项兴盛的产业。虽然随着风扇、空调的普及，葵扇的实用价值已经不大，但这些制作工艺还是保留了下来，葵扇也成了人们喜爱的工艺品。以前做媒人的经常扇着葵扇去说亲，所以后来"大葵扇"，也被人用来比喻为"媒人""作媒"的意思。

小榄菊花会

2006年，小榄菊花会被列入国家级非物质文化遗产代表性项目名录。

岭南地区因气候温和且湿度高，自古以来就是花卉盛开之地，有不少地方都有盛产的花卉，甚至以花为名。例如广东的中山小榄，就因为菊花会和菊花宴远近闻名，被称为"菊城"。

关于小榄人喜欢菊花的原因，在历史上还有一段故事。相传在南宋年间，宋度宗有位姓胡的宠妃，因为厌恶宫廷生活，偷跑出宫，嫁给了富商黄贮万，隐居于珠玑巷。谁知好景不长，不久之后事情败露，官府派人追查，权臣贾似道为了掩盖自己当年寻找胡妃不力的事，竟向宋度宗报告珠玑巷人意欲谋反，引皇帝下旨血洗珠玑巷。

珠玑巷人为求活命，纷纷南逃，其中一部分人逃到中山小榄。当时正好是金秋十月，当地遍地

普通话音频

粤语音频

开满菊花，引人入胜。大家又见此处土地肥沃，便决定在此定居，繁衍生息。从此之后，小榄人也养成了种植菊花的习惯，家家户户的庭园里都种满了菊花，还培育出了许许多多的优良品种，塑造出了各种形状，争妍斗丽。一些文人墨客每年秋后都会来这儿设立菊场，吟诗作对，举办"菊试"，以文会友，以文赋菊。清乾隆元年，小榄首次举办菊艺比赛，后来每年的重阳节，人们都会将自己培植的菊花搬到菊社展览，供人品评。

厚街腊肠

2012年，厚街腊肠制作技艺被列入广东省非物质文化遗产代表性项目名录。

腊肠，自古以来就是中国人对肉类食物的一大加工方式，各地均有出产。但因各地饮食习惯各异，制作腊肠的工艺也各有不同、各具特色。例如广东东莞的厚街腊肠，就很与众不同。

厚街腊肠除了色香味有特色之外，最特别之处是它的形状，呈椭圆形，一节节特别短小，几乎像一个大红枣一样。因为这个特别的形状，粤语里面还有句谚语，叫"东莞腊肠，短肚阔封"。

为什么东莞腊肠是这个又粗又短的形状呢？相传在北宋末年，中原居民南迁，王姓

普通话音频

粤语音频

一族在东莞厚街立村。南宋末年，眼见元兵南侵，厚街的村民为了躲避兵灾，把大米和肉碎拌匀，灌进猪肠内，用小绳束成一节节，蒸熟后，携入山中躲过元兵杀戮。当时为了避难，制作的肉肠尽可能多塞材料，束起的时候也尽量短小以方便储存分配，所以就形成了又粗又短的形状。

后来，经过历代厚街居民的改进，就有了著名的厚街腊肠。

肇庆裹蒸

2009年，肇庆裹蒸制作技艺被列入广东省非物质文化遗产代表性项目名录。

裹蒸粽，是肇庆最出名的传统小吃，在古代还曾经作为"御食"进贡到皇宫。逢年过节的时候，肇庆地区几乎家家户户都会自己包裹蒸。而走在肇庆街头，也会看到各种大大小小售卖裹蒸的店铺。

关于裹蒸，还有一段美丽的传说。

相传，古时候在端州有一对青年男女，女子名叫阿青，男子名叫阿果，二人两情相悦，约定日后非君不嫁、非卿不娶。但阿青的父母嫌弃阿果只是一介穷书生，反对两人交往。

为此，阿果立志考取状元，衣锦还乡来迎娶意中人。在临行赴京科考的清晨，阿青将连夜用冬叶包裹成的糯米绿豆饭团——也就是裹蒸送给

普通话音频

粤语音频

情郎，盼望能够早日团圆。入京之后，阿果真的高中状元，却没想到皇帝竟然想招他为驸马。

阿果一心想回家迎娶阿青，坚决不同意与公主的婚事，皇帝一怒之下将他囚禁了起来。阿果每天看着饭团哭泣，始终不愿放弃阿青。公主被他对阿青的情意感动，最终同意放他回家，阿果和阿青也终成神仙眷侣。

后来人们发现用冬叶包着糯米、绿豆、猪肉等材料做成的饭团，味道甘香可口，便纷纷仿效。就这样，裹蒸成了端州年关时家家必备之物，寓意情比金坚、仕途顺利。

姜撞奶

2018年，沙湾水牛奶传统小食制作技艺被列入广东省非物质文化遗产代表性项目名录。

沙湾古镇，是一个有着八百多年历史的岭南古镇，它不仅是"中国民间艺术之乡""中国历史文化名镇"，还是"广东十大美食之乡"之一，我们熟悉的姜撞奶就起源于沙湾古镇。

相传在古时候，有一位老婆婆生病后咳嗽不止，吃了很多药都不能根除。老婆婆的儿媳妇非常着急，到处打听帮婆婆治病的方法。

后来，她听说姜汁可以缓解咳嗽，于是就把姜榨成汁煮熟给婆婆喝。但是姜汁太辣，婆婆喝了一口就喝不下去了。媳妇为了给婆婆解辣，就拿来了当地盛产的水牛奶。谁知一个不小心，把牛奶倒进了装有姜汁的碗里，没想到过了一会

普通话音频

粤语音频

儿，碗里的姜汁就凝结成了一种豆腐状的半固体。这时候再喂婆婆吃下去，居然完全感觉不到辛辣，味道还十分不错，而没过多久，婆婆的咳嗽就好了。从此以后，这道小吃就广泛流传开来，并且被取名为"姜撞奶"。

沙河粉

2012年，沙河粉传统制作技艺被列入广东省非物质文化遗产代表性项目名录，后来又出现在《舌尖上的中国》纪录片中，为全国人民所熟知。

沙河粉，是起源于广州的一种大众化米制食物，深受粤港澳地区人民的喜爱。按照传统做法应该取用白云山上的龙泉水浸泡大米，磨浆、蒸制、切条，由于最初出现在沙河镇，所以叫做"沙河粉"。

关于沙河粉的来源，民间还有这样的一个传说。在清朝末年的广州沙河镇，有一家名叫"义和居"的小吃店，由一对夫妻经营。有一天，小店门口突然有一位衣衫褴褛、骨瘦如柴的老人倒地不起，夫妻二人都是好心人，连忙为老人送上

普通话音频

粤语音频

白粥小菜，并悉心照顾老人，令老人十分感动。

后来过了不久，女主人不幸染病，小店只好关门歇业。这时候，之前那位老人忽然再次出现，用浸泡好的大米磨浆蒸粉，加上葱、盐、香油调制好给女主人吃。没过多久，女主人居然奇迹般地病好了。后来经过询问才知道，老人原来是得罪了慈禧太后的宫廷御厨，不得已逃出京城，四处流浪，之前幸得夫妻两人周济，渡过了难关。这次为报答女主人的救命之恩，机缘巧合之下，发明了沙河粉这一道美食。

客家娘酒

2013年，梅县客家娘酒酿造技艺被列入广东省非物质文化遗产代表性项目名录。

广东客家人，是历史上因为战争、自然灾害、饥荒等原因迁移到广东居住的一个族群。这个族群至今依然保持着独特的语言和文化，也流传着许多客家人独特的智慧结晶，客家娘酒就是其中之一。

相传在五胡十六国时期，中原战火不断，民不聊生，有一大群妇女向南方逃难，进入了广东。

因为疲劳和饥饿，她们晕倒在了荒山野岭。不知道过了多久，一位年老的妇人醒了过来，见到了一个鹤发童颜的仙人，仙人倒出一杯红褐色透明的液体给老妇人喝。老妇人喝下之后，竟然

普通话音频

粤语音频

顿时精神爽利，既不觉得饿也不觉得渴了。之后，仙人又把制作的方式告诉老妇人，然后就消失了。

等到一众妇女醒过来后，老妇人把她的奇遇告诉了大家，并将仙人教授的制作方法也传授给大家。后来这一群妇女在广东定居了下来，入了"客籍"，成为客家人的一个分支，而她们根据仙人指点所酿制的汁液，被称为"客家娘酒"，其制作方式在客家人中一代一代传承了下来。

祖庙庙会

2008年，庙会（佛山祖庙庙会）被列入国家级非物质文化遗产代表性项目名录。

佛山祖庙庙会，古称"三月三"，是岭南地区最为隆重且极具地域特色的民俗文化活动。而在祖庙的前殿、正殿、庆真楼、万福台等处，都悬挂有对联，可不要小瞧这些对联，它们背后可颇有一番故事。

相传在明朝崇祯年间，曾任户部尚书的佛山镇人李待问主持大修祖庙，亲撰大庙正殿对联一副，上联曰："凤形涌出三尊地"。联里点出佛山得名的由来：凤形，指佛山地形似凤，唐朝时曾在塔坡上挖出三尊佛像，于是建庙侍奉，佛山也因此得名。写出上联后，李待问苦思冥想也想不到合适的下联，于是在祖庙门前张贴告示，以重金征集下联，很多读书人都跃跃欲试，但几周过去了，都没有人能答出合适的下联。

当时，祖庙门前是热闹的街市，聚集了各种行当买卖。一群补鞋匠长期在此设摊，但却常常遭到衙差的驱赶。在祖庙门前摆摊的以补鞋匠居多，其中有一个叫"补鞋能"的，因为他手艺好，为人忠厚老实，乐于助人，深得顾客和同行的赞赏。"补

普通话音频

粤语音频

鞋能"小时候读过几年书，平日又爱读书写字，这个时候，同行人都劝他："补鞋能，你要能把下联给对出来，就能为大伙出口气，别人就再也不敢小看咱们了。"

"补鞋能"也想把这副对联对出，但苦苦思索了几天，还是一无所获。

有一天，他遇到一个长胡须的老人来补鞋，畅谈起来，老人说："北帝很灵验，南方水多，他是治水的神，北帝坐的地方正是龙头之地呀！"

"补鞋能"听了，很受启发，连忙进祖庙仔细观看，深感祖庙建筑宏伟，结构奇特。里面的瓦脊、木雕、砖雕、灰雕，既有佛山特色，艺术造诣又很深，这里终日灯火不灭，香烟袅袅，别有天地。他当晚回家即写出下联："龙势生成一洞天"。第二天，他将下联送给李侍问，李侍问看得又惊又喜，大呼绝妙！此事一下子轰动了佛山。

一个月后，地方官说要公开给"补鞋能"颁奖，"补鞋能"却拒绝了他的奖励，唯独提出了"允许鞋匠在祖庙门前设摊不得驱赶"的要求。李侍问被他高尚的精神所感动，欣然答应。从那之后，祖庙门前的补鞋匠越来越多，而"补鞋能"为同行人谋福利的故事也渐渐流传下来了。

波罗诞

　　2011年，波罗诞被列入国家级非物质文化遗产代表性项目同名录。

　　波罗庙会是广州地区最大的传统庙会之一，至今已有一千年历史，当地俗语有云："第一游波罗，第二娶老婆。"足见对其重视的程度。而波罗诞买波罗鸡，是广州人的"保留项目"。但是，这波罗鸡并非真的鸡，而是一种工艺品。

　　传说在旧时，在波罗庙附近一条村里，有个张姓老妇人，无儿无女，只与一只大公鸡相依为命。村外有个有钱的员外，酷爱斗鸡，对老妇人的雄鸡早有耳闻，便派人要那只雄鸡与他的鸡较量，被老妇拒绝。员外不甘心，就偷偷地拿了自家最威猛的雄鸡去斗，结果被杀得一败涂地。

　　员外见猎心喜，就想出高价买老妇人的鸡，仍被拒绝。便恼羞成怒，一天，趁老妇人下田

普通话音频

粤语音频

之机，派家丁将雄鸡偷了回来。谁知这只鸡从此之后不再啼叫，员外一怒之下，就把这鸡杀了。

　　伤心不已的老妇人将鸡毛一根一根捡回家，洗净晒干，用黄泥作鸡身，纸皮作鸡皮，把鸡毛一根一根粘上去。说来也怪，粘上毛的鸡竟栩栩如生，第二天早晨，老妇人又听到雄鸡在啼叫。她高兴至极，又做了不少这样的鸡，留下最心爱的一只，其余的都拿到波罗诞卖。波罗诞上买波罗鸡的习俗就这样流传下来，沿袭至今。

天后诞

在大湾区的多个地区，包括香港、澳门，均有庆祝天后诞的做法。2014年，大万山岛天后诞庆典被列入珠海市非物质文化遗产代表作名录。

天后诞，是每年的农历三月二十三日。在这一天，信奉妈祖的人们会举行大型的庆典，以此来纪念妈祖的诞生，而关于妈祖文化的由来更是源远流长。

相传，妈祖是福建兴化府莆田县东南湄洲人，在五代十国的末期，当地人林愿为人乐善好施，被人称为"林善人"。他和妻子王氏生下五女一男，因为儿子比较少，于是斋戒沐浴，向观音菩萨虔诚地祈祷，希望观音能庇佑他们再添一子。

某天夜里，夫人在睡梦中隐约看到观音菩萨赐她一粒药丸，她把药丸吞服后，不久就怀孕了，即诞下第七名孩儿，是一个女婴。因出生时不闻啼声，所以取名为"默"，人称"林

普通话音频

粤语音频

默娘"。

林默娘自幼聪明伶俐，八岁从塾师启蒙读书，能过目成诵，会预测天气变化，能指点出海渔船，并常在惊涛骇浪中救助遇险者，因此被尊称为"龙女""神姑"。长大成人后，她决心终身不嫁，矢志行善济人，平时精研医理，常为人治病，还经常引导人们趋吉避凶。

987年九月初八，默娘提前告诉亲友们，说她心好清静，尘环所不乐居，明辰乃重阳日，有登高之愿。到了初九那天，她一大早便打扮整齐，从家中坐船到湄洲岛，走到岛北山上巨石下一清静之处，在那里"驾云升天"，时年二十九岁。于是，九月初九就是妈祖成道纪念日。后来人们尊她为"灵女"，通称"妈祖""天后娘娘"或"娘妈"，并将她的生辰三月二十三定为天后诞。

新会陈皮

2006年10月25日，原国家质检总局批准对"新会陈皮"实施地理标志产品保护。2009年，新会陈皮制作技艺被列入广东省非物质文化遗产代表性项目名录。

江门五邑地区是中国著名的侨乡，在这里，最有名的特产要数新会陈皮。陈皮，又称为"广陈皮"，是用当地的柑皮晒干制作而成，新会陈皮因其功效独特，早在宋朝时就已成为南北贸易的"广货"之一，而到了明清时期更是闻名遐迩，是广东地区著名的药材之一。

那么，这些晒干的柑皮，为什么叫做"陈皮"呢？

传说在南宋时期，有一位叫黄广汉的官员，他与夫人米氏，带着家人迁到新会县。米氏自幼好读诗书，又懂药理，因此被召到临安伺候杨太后。

普通话音频

粤语音频

这时杨太后得了乳疾，御医都束手无策，米氏向丈夫说起，黄广汉平时颇通医理，便取出家中存放的特制柑皮，交给夫人为太后治病。米氏用此柑皮入药，熬制汤药给杨太后服用，日复一日，太后的病竟得以痊愈。

太后康复之后，问米氏所用的究竟是何种灵药？但黄广汉这特制的柑皮原本没有名称，米氏一时不知如何作答。她急中生智，想起此柑皮是晒干后若干年的老皮，可以称为"陈皮"，而制法为丈夫黄广汉所传，产地源自广东，于是就向太后回复说，此药名为"广陈皮"。

太后听后十分欢喜，奏请皇帝封米氏为"邦显一品夫人"，而陈皮的称谓，就此流传了下来。

石湾陶塑

2006年，广东佛山石湾陶塑技艺被列入国家级非物质文化遗产代表性项目名录。

石湾陶塑，是广东地区著名的工艺品，有着非常悠久的历史。据研究，早在新石器时代晚期的贝丘遗址中就已揭开其烧陶的历史序篇，石湾出现大型窑场的历史最迟可上溯到唐朝。

到了明清时期，石湾陶器越来越有自己的特色，题材丰富，形态生动，被称为"石湾公仔"，广东几乎家家户户都有收藏或使用。

关于石湾的陶塑，还有个有趣的故事。石湾的南风灶建于明朝正德年间，在原来的龙窑的基础上进行了改进。据传烧制第一窑时，开窑出来的陶器产品出现了前所未有的好质量，陶工们欢

普通话音频

粤语音频

欣雀跃。这时候有一乞丐也凑近人群，以为有东西分。人们见他衣衫褴褛，妨碍工作，便随手捡个小盆子给他，打发他离开。以后那乞丐就用这个盆子乞食。一般乞食捧的是瓦钵，而他拿的是盆子，比一般"乞儿兜"大，乞来的食物多一些。当天吃不完，就存放在盆子里。第二天，这些残羹剩饭居然不会馊臭变质。连续每天都这样，他把那盆子视为至宝。这事传开之后，人们都说石湾陶器有宝气。

杏仁饼

2009年，咀香园杏仁饼传统制作工艺被列入广东省非物质文化遗产代表性项目名录。

杏仁饼，是广东省中山市的传统糕点小吃之一，现在已成为很多人茶余饭后喜爱的零食。关于杏仁饼的由来，有两种不同的说法。

第一个说法，说的是在元朝末年，朱元璋率领起义军抗元。在起义初期，兵荒马乱，粮食不济，士兵要尽量携带干粮。朱元璋的夫人马氏用小麦、绿豆、黄豆等可以吃的东西和在一起，磨成粉再做成饼，分发给军士，这样不但方便携带，而且还可以随时随地吃，对行军打仗起到了莫大的帮助。不过这个最初的做法吃起来并不美味，后来人们在此基础之上不断改进，用绿豆粉、猪肉等做馅，就做出了甘香松化、肥而不腻

普通话音频

粤语音频

的杏仁饼。

　　而另一个说法，说的是在清朝光绪年间，香山县的一个人为母亲做寿，因为家道中落，开支有限，不知道用什么招待亲友为好。家中婢女潘雁湘见此状况，就用绿豆粉和糖腌制过的肥猪肉片精心制作成绿豆夹肉饼，敬奉给老夫人和宾客，大受称赞。后来，更有当地官员在品尝之后留下"齿颊留香"的墨宝。

　　自此之后，这绿豆饼就远近驰名，并改名为杏仁饼。

打铜

2009年，西关铜艺被列入广州市第二批非物质文化遗产代表性项目名录，让这项古老的手艺有了新的发展。

在不锈钢、不粘锅这些新式家庭金属用具诞生普及之前，铜器是国人家中的高级器具。将黄铜打造成各种器具的打铜技艺，在中国各地都有流传，最早能追溯到春秋时期。

不过论到曾经兴旺发达的打铜地区，就不得不提广州的西关。

在明清时期，广州是中国最重要的通商口岸之一，而到了清朝乾隆、嘉庆年间，更成为唯一的通商口岸，十三行也因此成为财富聚集之地。当时，铜器作为高级消费品，不但远销海外，还成为了身份地位的象征，西关的大户人家家里都有整套铜制的锅碗瓢盆"镇宅"，小康人家也

普通话音频

粤语音频

都有几件铜器傍身。当时西关的打铜行会从江浙一带请来师傅设计样式，然后根据客户的要求制作铜器，所以有"苏州样，广州匠"的说法。鼎盛时期，西关的打铜工人超过两千，是当地一个大产业。

所谓"打铜"，是指用纯手工打造铜器，这些手打铜器厚薄均匀、不加焊接，而且打造完成之后通常不加抛光，以留下手工打造的痕迹，手艺十分精湛。

到了20世纪中叶，随着新材料的使用，铜器渐渐不再成为家庭日常使用的器具，打铜的手艺也几乎失传。幸好随着时代进步，铜器作为工艺品的价值被重新发掘出来，西关又再响起打铜之声。

佛山秋色

　　2008年，中秋节（佛山秋色）被列入国家级非物质文化遗产代表性项目名录。

　　佛山秋色，又称为"秋宵""出秋色""出秋景"，是佛山市的民间传统活动，传统上是在农业收获的季节百姓举办的庆祝丰收庆典，到后来又演变成文娱巡游活动。相传佛山秋色活动起源于明朝，分为表演艺术和手工艺术两大类，有车色、马色、飘色、地色、水色、灯色和景色等不同的细分类别。关于佛山秋色的起源，有这样一个传说。

　　据传明朝的时候，广东地区发生了一场民变，民变的首领黄萧养准备攻打繁华的佛山。因为事出突然，佛山的官军没有做好迎战的准备，城里人心惶惶。这时候正好时值中秋，一

普通话音频

粤语音频

个名叫梁浩俊的小伙子心生一计，带领佛山人上演了一出"空城计"。

当晚，他带着城里面的男女老幼，整晚敲锣打鼓，到处巡游，庆祝节日。潜入城内的间谍都被这欢天喜地的景象震慑住了，担心佛山人兵力强盛，不敢贸然进攻，最终放弃了佛山这块到嘴的"肥肉"。

后来，每年的这个时候，佛山民众想起这件事，为纪念当时通过举办庆典得以保平安，于是又再庆祝一番，渐渐就催生出了"佛山秋色"这个节日，世代相传，延续至今。

人龙舞

　　2008年，人龙舞被列入国家级非物质文化遗产代表性项目名录。

　　人龙舞，是流行于湛江雷州半岛的一种民间舞蹈，起源于明末，分为东海岛人龙舞和沈塘人龙舞两种。

　　人龙舞保留了古百越族信仰龙的风俗，展现了水乡龙文化的精髓。它将民间舞蹈因素融入到南派武术中，被誉为"中华一绝，别无他龙"。

　　传说，人龙舞起始于明朝末年，当时南明军在清军的猛烈进攻下节节败退，一直撤退到了雷州半岛和东海岛。适逢中秋，当地的老百姓们见明军士毫无斗志，为了鼓舞明军士气，就特意编排了这个名为"人龙舞"的舞蹈，在作战之前为

普通话音频

粤语音频

士兵助威打气。自此之后，人龙舞便在这里广泛流传开来。

关于人龙舞的起源，还有另外一个说法，认为人龙舞源于明朝嘉靖年间，是当地人为了庆祝当地的进士陈仕恺建成沈塘圩而编排的舞蹈。

人龙舞作为雷州地区特殊的社会历史因素与地域自然因素结合下的产物，融入了当地娱龙、敬龙、祭海、尊祖、奉神的风俗。整个舞蹈一气呵成、变幻多端、粗犷雄壮，充满了动感美与韵律美，是中华民族龙文化延伸与发展的重要组成部分。

九江煎堆

2011年，珍记九江煎堆作为传统手工技艺被纳入佛山市、南海区两级非物质文化遗产代表性项目名录。2015年，九江煎堆制作技艺被列入广东省非物质文化遗产代表性项目名录。

九江煎堆色泽金黄、皮薄馅精，入口酥化，是广东佛山南海九江镇的传统小吃。20世纪30年代初期，九江煎堆被誉为"九江三件宝"之一。1986年，被编入《中国名土特产辞典》。

"煎堆"也被称为"碌堆"，寓意"一整年都有金银财宝和好运伴随"。在唐朝时期，形状圆润的煎堆就已经被当作御食。而到了后来，它的制作工艺有了一次大改进。

据说在清朝时，九江人邹便南觉得煎堆太

普通话音频

粤语音频

圆太硬，虽然寓意吉祥，但实在不易入口。他是个好吃之人，为了让煎堆更加美味，便自己尝试创新煎堆的制作工艺。经过一番尝试，他发现在煎堆中加入爆谷、花生等馅料，制作出来的煎堆不但香脆可口，而且软硬适中，不论是切开多人分享，还是自己一个人张嘴猛啃，都可以大快朵颐。其后，他正式推出了改良的"九江酥皮大煎堆"，因为美味可口，大受民众欢迎，自此"煎堆"在民间更为广泛地流传开来。

八和祖师诞

2009年，粤剧八和祖师诞被列入广州市非物质文化遗产代表性项目名录。

粤剧行当的八和祖师诞，又称"华光诞"，是粤剧行业奉祀华光祖师的信俗活动，至今已有百年的历史。

关于这个节日的起源，在粤剧界流传着一个华光救粤剧的故事。

据说在某年的农历九月廿八，天宫的玉帝偶然知道凡间正在演粤剧《玉皇登殿》，认为是亵渎天庭，十分愤怒，当即命令火神华光下凡去烧毁戏棚。

华光到了戏棚上空，仔细看了看《玉皇登殿》一剧，觉得并无亵渎天庭之意，不忍心弄个冤假错案烧掉戏棚，于是便教艺人们用长

普通话音频

粤语音频

竹竿系上火药，点燃后高举挥动，令戏棚上空浓烟滚滚。

　　随后华光返回天庭复命，玉帝见戏棚上空烟雾弥漫，认为他已经烧毁戏棚，就不再追究此事了。粤剧艺人为纪念华光的救命之恩，遂奉他为粤剧保护神和祖师。一直到现在，粤剧戏班必立火神华光神位，演出前必拜华光，祈求消灾解难，乃至自称是"吃华光饭"。

　　而八和祖师诞，正是粤剧行当中为了纪念保护神和祖师爷而专设的节日。

广东剪纸

　　历经百年浮沉，广东剪纸得以发展壮大，2006年被列入国家级非物质文化遗产代表性项目名录。

　　广东剪纸源于宋朝，盛于明清时期，以构图严谨、装饰性强、剔透雅致、金碧辉煌为特点，多以反映时代生活题材为特色，而它的由来也颇具传奇色彩。

　　相传在古时候有一位书生，生活十分落魄，家中还有一位身体不好的妻子似玉和一个六岁的儿子碧玉。这位书生怀才不遇，也不会干活，幸好有妻子帮人做衣服赚钱，才能勉强度日。

　　有一年，冬天特别寒冷，在接近年关的时候，似玉患病无法赚钱，眼看家里的米只剩下一点点了，书生很着急，于是到大户人家询问，是否需要写字。可是没人雇他写字。无奈他只好饿着肚子往家里走。

　　走到半路，天突然下起了大雪，书生急忙往

普通话音频

粤语音频

家赶，快到家门口的时候，他发现一位老妇人倒在了路边。书生心生怜悯，赶忙把她扶入屋内。

进到屋内，碧玉主动去烧水，似玉强撑着病弱的身体，把家里仅剩的一点点米拿了出来，熬了一大碗稀粥。这时老人家慢慢醒了过来，问道："是你们救了我？多谢了，一起吃饭吧！"

似玉心知稀粥有限，唯有请老人先吃，老人也不客气，三两下就把稀粥喝完了。书生眼见晚饭没了着落，穷极无聊，便拿出笔在一张拣来的纸上写了一个"福"字。

老妇人喝完粥精神了许多，打量了一下书生的房子，只见家徒四壁，只有一个"福"字。只见她将书生的福字拿起来，竟然三两下就撕掉了！

书生着急了，问老妇人："我们一家怎么说也救了你，你为何把我的福字撕掉了？"

老人家不紧不慢地说道："把我撕的福字展开看看是什么样子？"

碧玉好奇地跑过来慢慢地展开一看，只见那个福字的周围，竟被撕出了一条大鱼，那福字显得更立体了。接着，老人就将这门手艺教给了似玉，自此之后似玉靠着这门手艺养活了一家人，还将技艺传承了下去。这门手艺发展成后来的剪纸，因其手艺精湛且喜庆的特点广受民众欢迎。

潘高寿

　　2008年，潘高寿传统中药文化被列入国家级非物质文化遗产代表性项目名录。

　　广州潘高寿药厂，最早为潘百世、潘应世兄弟于清光绪十六年（1890年）在高第街创设的潘高寿长春洞店，后来一直由家族传承。在潘高寿出品的众多药品之中，川贝枇杷露最为人所熟知，可谓是本土止咳药中最突出的代表。

　　据说在清末民初时期，药铺由潘郁生接手经营后，当时西医在中国影响渐大，逐渐为人们所接受，这对于传统中药无疑是一大冲击，长春洞潘高寿蜡丸的营业额也因此一落千丈。潘郁生意识到再独沽一味靠蜡丸恐怕难以持久经营，于是决意另辟路径，着手创制新药，复兴祖业。

　　潘郁生看到南方气候炎热多雨，且多乍暖

普通话音频

粤语音频

乍寒天气，人们容易患伤风咳嗽，但市面销售的枇杷露大多是独味单方，治咳疗效不显著，于是他将具有润肺镇咳作用的川贝母和有祛痰作用的桔梗与枇杷叶一起熬炼，同时为消除病人怕吃苦药的心理，还在药液中加上香料和糖浆，将汤剂改为糖浆剂。另外，为使该药耐久存放，又吸取了西药制剂方法，加进了苯甲酸等作防腐剂。新药制成后，定名为"潘高寿川贝枇杷露"。

潘郁生为扩大宣传，以父亲潘百世的真像和自己的画像为商标，并特意在自己的像旁注明潘四俫创制，印成精致的包装盒，使人容易辨认。因为药效显著，又被广为宣传，潘高寿川贝枇杷膏在几年间便成为家喻户晓的治咳药，并行销粤港澳地区。

麒麟舞

　　2011年，深圳市、东莞市的麒麟舞被列入国家级非物质文化遗产代表性项目名录中。

　　麒麟，是中国古代传说中一种代表吉祥的动物，居"四灵"之首，历代被当作祥瑞的象征。麒麟舞是客家人从北方带到南方来的一种民间艺术表演形式，以锣鼓加唢呐为伴奏，是客家人世代相传的艺术文化。

　　相传在很久以前，有一年天逢大旱，庄稼颗粒无收，加之瘟疫流行，百姓苦不堪言。

　　土地公见此情景很是着急，找来笑面佛一起商量消灾辟邪、拯救生灵的办法。但是一番商讨后，仍是束手无策。正当他们不知如何是好的时候，笑面佛突然想到了神兽麒麟，此神兽可以为民间消灾解难，只是一时之间不知在哪里才能找到它。

普通话音频

粤语音频

　　于是他们找来了神通广大的孙猴子，请他跃上云霄帮忙看看。只见孙猴子一个筋斗云跃上云霄，四方一望，便按落云头说："有了有了，我带你们去！"

　　在孙猴子的带领下，他们终于找到了麒麟洞，土地公和笑面佛把来意告诉麒麟，想请它帮忙改善百姓的生活。麒麟一听，立刻答应随他们下山。土地公带着麒麟来到人间，麒麟喷火献瑞，使出自己的法力。顷刻间，当地五谷丰登，瘟疫得到控制，百姓的生活也逐渐幸福安康。此后，人们便把麒麟奉为吉祥物，并把麒麟出山镇灾辟邪的故事编成舞蹈——《三星会友·麒麟出洞》。逢年过节，人们都会表演麒麟舞，以迎祥纳福，祈求风调雨顺、国泰民安。

　　麒麟舞原本仅在皇宫中表演，称为"麒麟圣舞"。明末流入民间，传承至今。

望烟楼

2009年，望烟楼的传说被列入广东省非物质文化遗产代表性项目名录。

望烟楼，位于广东省深圳市宝安区福永镇，距今已有700多年的历史，据说当年修建的时候，是用于关心民间疾苦，了解民间情况。

相传在元大德年间，南宋名将文天祥的侄孙文应麟，因为不满元朝的统治，于是与族人一起，搬迁到福永镇大茅山脚下。自此之后，文氏家族便在那里落下脚跟。

文应麟是一个热血青年，立志继承伯祖父文天祥的遗志，在他的带领之下，当地人勤于耕作，努力创业，生活渐见起色，而文应麟自己的家境也越来越好。随着家境渐渐宽裕，文应麟就经常接济穷苦百姓，帮助当地的父老乡亲。

当时，常常会青黄不接或者遇上灾情，文应

普通话音频

粤语音频

麟一个人总不可能逐家逐户去了解情况，于是他想了个方法：爬上凤凰山顶，看看山下各家各户的烟囱是否冒烟，由此来判断百姓是不是断粮。如果望见山下农户家烟囱冒烟，说明家里还有粮食；要是没有冒烟，很可能家里已经断粮了。只要见到哪一家无烟，文应麟就会派人专程送粮，接济村民。

久而久之，他干脆在山上建了一座临时的望烟台，以便瞭望四周，体察民情。

文应麟的义举得到了百姓的认可与称颂，都称他为"活菩萨"。后人为了纪念这位乐善好施、关心百姓疾苦的英雄，在凤凰山顶建了一座望烟楼，称之为"烟楼晚望"。

应人石

2013年，应人石的传说被列入广东省非物质文化遗产代表性项目名录。

在客家人世代聚居的地方，流传着各种各样的风物传说。其中，有一个用客家话口耳相传的应人石传说广为流传。

相传在很久以前，羊台山下的一个小村庄里，有一对勤劳善良、相亲相爱的年轻夫妻。丈夫勤勤恳恳地劳作，想给妻子一个安宁幸福的生活。但天有不测风云，村里贪婪的财主渴望得到长生不老之药，竟然逼迫他冒险去有毒蛇猛兽出没的深山老林里找药。

由于担心丈夫的安危，妻子与丈夫约定，每天下午在山下大声呼喊他三遍，丈夫听到之后便大声回应，让妻子安心。然而出发之后，除了传

普通话音频

粤语音频

来隐隐约约的呼应声之外，丈夫却迟迟没有回来。

日复一日，月复一月，妻子愈发担心，终于忍不住思念之情，决定冒着生命危险爬上山去寻找丈夫。她一边喊一边朝着有回应声音的方向走去，但当她走近时才发现，每天回应她的竟是一块大石头！

妻子知道丈夫凶多吉少，伤心欲绝，仰天痛哭。这时，天空上雷电交加，一道白光闪过，妻子也变成了一尊石头，与一旁的应人石遥遥相望、长相厮守。

后来，人们为了纪念这段凄美动人的故事，把回应妻子的石头叫做应人石，把山下的村子叫应人石村。这则传说赞颂了对爱情忠贞不渝、生死相随的精神，体现着客家人对美好爱情的向往。

广绣

2006年，广绣被列入国家级非物质文化遗代表性项目名录。

广绣，是珠江三角洲地区民间刺绣工艺的总称，它是由唐朝南迁的中原人带到岭南的刺绣技艺不断演变形成的。广绣构图清晰、色彩明亮、内容丰富，又在细节处做得十分精巧，是长时间以来广东人民丰富文化生活结出的果实。

相传在唐永贞年间，有一个叫卢眉娘的姑娘，她的刺绣技艺达到出神入化的境界。她在很年轻的时候就可以在一尺的绢上绣出七卷经文，每个字都只有米粒大小，并且十分均匀清楚。不仅如此，她还能用染成五彩的丝绣成五重飞仙盖，上面有十洲三岛、亭台楼阁、麒麟凤凰等图画，光是执节的童子

普通话音频

粤语音频

都不下千人，真可谓巧夺天工。据说当时唐顺宗、唐宪宗两位皇帝都非常欣赏她的技艺，不仅称她为"神姑"，还亲自赏赐金手镯以示嘉奖。

　　但是，卢眉娘不愿长久留在宫中只为皇家服务，于是取了个法号"逍遥"，回到南海出家成为女道士，并将自己的技艺广为传播。后来，她的精湛技艺代代相传，在广东地区开花结果，而广东人也把卢眉娘尊为广绣的鼻祖。

象牙雕刻

　　2006年，象牙雕刻被列入国家级非物质文化遗产代表性项目名录。

　　象牙雕刻，是中国的传统工艺，源于秦汉时期，兴盛于明清时期。到了清代，牙雕以北京、广东和苏州为代表，其中广东的牙雕被称为南派牙雕。

　　因为广东地处南方，气候潮湿，所以象牙不容易干燥破裂，工匠们能够以更细致精巧的工艺进行雕刻。其中，广东工艺大师雕刻的象牙球，被誉为象牙雕刻中的巅峰技术之一，是南派牙雕的代表作。关于象牙球，还有一个与日本人比赛的故事。

　　1915年夏天，美国为了庆祝巴拿马运河通航，举办了巴拿马万国博览会，当时中国第一次被邀请参加，十分重视。经过千挑万选，终于选

普通话音频

粤语音频

定了广州牙雕大师翁昭的作品——24层的象牙球。这个象牙球一层套一层，每一层都经过镂空雕刻，层层活动自如，却又浑然一体，可谓巧夺天工。

但到了万国博览会，却发现日本人也拿出一个象牙球，而且竟然有30层之多！评奖之际，当然是层数越多越厉害，评委会就建议将大奖颁给日本。

翁昭大师断然不信日本人的技艺比自己精湛，于是提出将两个象牙球同时放入沸水之中。结果在沸水之中一煮，日本的象牙球当场四分五裂，而翁昭大师的象牙球却完好无损——原来，日本的30层象牙球是切割之后雕刻，然后再粘合起来的，沸水一煮之下，自然原形毕露。而翁大师的象牙球是手工镂空雕刻而成，可谓真金不怕红炉火。

最后，广东的象牙球在万国博览会获奖而归，为国争光。

广彩

2008年，广彩瓷烧制技艺被列入国家级非物质文化遗产代表性项目名录。

广彩瓷烧制技艺，是广州釉上彩瓷艺术的简称，是广州的传统工艺，最早出现在清代，融汇了五彩、粉彩等各种彩瓷的技法。在清乾隆嘉庆年间，因广州是中国唯一的通商口岸，所以广彩在世界广为流传，成为很多西方贵族追捧的精品。

关于广彩瓷器的诞生，有着这样一个故事。相传在清朝康熙晚期，有两位官员从景德镇到广州当官，一位叫杨快，另一位叫曹琨。

两人千里迢迢来到广州，但因为官位尚缺，唯有滞留在广州候缺，未能上任。转眼几个月过去了，两个人还是无所事事，坐吃山空，一时之间竟无以为生。当时的广州是清帝国最大的通商口岸，中外客商云集，贸易特别红火。两人想来想

普通话音频

粤语音频

去，决定重操旧业，做回自己在家乡的老本行，赚点钱维持生计。

　　杨快在家里是画陶瓷的，而曹琨是烧窑的。于是，他们合伙开办了一家陶瓷作坊，从景德镇买来泥胎和颜料，还请了几位老乡帮忙，因为手工精良，在广州又不愁销路，生意竟然越做越大。

　　经过几年的打拼，他们打造的广州瓷器名声越来越大，很多外商不但购买现货，而且按照自己国家的市场需求订制一些特殊器型和图案的瓷器。这些出口的广彩瓷器最早专为欧洲宫廷所收藏，后来又流传到上流社会，成为上层社会的喜好之物。

　　当时的欧洲人以家居摆设中国陶瓷为荣，以致出现了流行一时、专门摆设中国陶瓷用的"荷兰瓷柜"。

　　由于各种特殊瓷器的需求量越来越大，广彩瓷器的品种日益丰富，而且因为往往要根据客户要求订做，所以有"岁无定样，来图加工"的做法，形成了广彩瓷器千姿百态、品种繁多的特点。

咏春拳

　　2014年，咏春拳被列入国家级非物质文化遗产代表性项目名录。

　　咏春拳，相传是南少林五枚师太所创，始创于福建，随后流传于广东佛山，至今已有两百多年的历史。咏春拳在发展过程中人才辈出，其中不少高手的故事大家耳熟能详，例如一代武打巨星李小龙的师傅叶问，便是其中的佼佼者。

　　佛山地区历来武风盛行，叶问在七岁时，便拜师入南海拳王梁赞的得意弟子陈华顺门下，成了他的关门弟子。

　　有一次，叶问和表妹等一拨人去游行观赏"秋色"，当时叶问身着长衫和薄底绒鞋，个子也不高，看上去就一副软弱可欺的公子样儿。途中，遇到一位当时的军阀排长，他上前想要对叶问的表妹动手动脚。这时，叶问挺身上前，使出

普通话音频

粤语音频

惯用的咏春拳拳法，对方立马应声倒地。

　　这个一向欺压百姓的地方军阀，败在一个斯文书生手下，当然咽不下这口气。恼羞成怒之下，拔枪就要向叶问射来。叶问临危不乱，一个转身，以迅雷不及掩耳之势，握住对方的左轮手枪，并用大拇指的力量，直压左轮手枪的转轮，竟然把左轮手枪轮芯压曲，使其不能发射。

　　在咏春拳发展的历史里，叶问是功不可没的一位，他的一生都致力于发扬咏春拳，而咏春拳也随着他的弟子李小龙，更为世人所熟知。咏春拳承载着佛山的功夫文化，向全世界展现着中国功夫独一无二的魅力。

蔡李佛拳

2008年，蔡李佛拳被列入第二批国家级非物质文化遗产代表性项目名录。

蔡李佛拳，中国传统拳术中的南拳之一。相传为广东省新会市京梅人陈享所创，他综合了蔡家拳、李家拳和佛家拳三家之长而形成一支新派，故称蔡李佛拳。

陈享作为蔡李佛拳的创始人，不仅是清朝晚期岭南武术界的传奇人物，相传还是一位受到朝廷封赏的官员。

话说陈享在一次返乡途中，经过增城县境内时，恰巧遇到增城匪患成灾。时任增城知县杨先荣、武官双达和汤骐照带领士兵，组织平民进行围剿，可是屡遭失败，还有不少官军被困。无奈之下，知县只好张贴榜文，招募能人勇士。陈享

普通话音频

粤语音频

探明情况之后，就揭榜向知县毛遂自荐，表示愿意入山杀贼。

当时陈享只带了下山时蔡福赠予他的两把短刀，只身深入虾公塘等七个村庄的盗匪阵中，凭着蔡李佛拳，左冲右突，勇猛无敌，通行无阻，将土匪打得落花流水，救出了很多被困的官兵。初战告捷之后，他又和汤骐照一起领兵乘胜追击，全歼了占领三十二个村庄的土匪。

事后，由内阁大臣兼两广总督瑞麟上奏道光皇帝，朝廷授予陈享"忠勇侯"爵位，并封号"达亭"。从此以后，陈享的英勇事迹就令蔡李佛拳声名大振，渐渐流传开来，越来越多人习练。

客家酿豆腐

　　2015年，客家酿豆腐烹饪技艺被列入广东省第六批省级非物质文化遗产代表性项目名录。

　　客家酿豆腐也称为肉末酿豆腐、东江酿豆腐，是客家名菜之一，久负盛名。在客家人的生活中，逢年过节，招待宾客，但凡有宴席必有此道菜。关于这道菜的由来，有一个有趣的故事。

　　相传很久以前，梅州市有一个五华人和一个兴宁人是结拜的好兄弟。有一次，五华人想要请兴宁人吃一顿饭，以表热情。

　　可是，五华人带的钱不多，只够点一道菜，结果在点菜的时候，他们俩就争执起来，一个想要吃猪肉，而另一个人却想要吃豆腐。

普通话音频

粤语音频

两人你一言我一语，越争越激动，眼看着两位好兄弟竟然因为一道菜要打起来了，聪明的饭店老板马上出来制止，并且想出了一个两全其美的办法——在豆腐里掺进猪肉，这样两人只需要点一道菜，就既可以吃到豆腐，又可以吃到猪肉了。就这样，这一道客家酿豆腐，就被创造了出来。

　　客家酿豆腐表现了客家人的智慧和深厚的客家饮食文化，也是中原传统饮食习惯与迁徙地特殊生活方式相结合的典范食品。

崖山海战流传故事

2009年，崖门海战流传故事被列入广东省第三批省级非物质文化遗产代表性项目名录。

南宋时期，在崖门海面上，发生了一场中国古代著名的大海战——宋元崖山海战。这场海战最后以元军获胜、宋军失败、南宋王朝覆亡而告终。

关于这场崖山海战，有一个远近闻名的奇石字刻故事流传于民间。

据记载，当年崖海大战惨败后，南宋丞相陆秀夫背着小皇帝赵昺在一块大石上投海殉国。元军统帅张弘范为了彰显自己的功劳，派人在这块大石上刻上"镇国大将军张弘范灭宋于此"十二个大字。

 普通话音频

 粤语音频

　　明朝时，学者陈白沙来到那里凭吊，看到张弘范刻在奇石上的这几个字后异常激愤，就在上面加刻上一个"宋"字，全句就变成了"宋镇国大将军张弘范灭宋于此"，形成了有名的"一字碑"，讥讽张弘范身为汉人，却为外族效命覆亡故国，真可谓一字见血，令人拍案叫绝。后来，当地人都把这块石头戏称为"耻石"。

　　1962年，著名文学艺术家田汉来此参观，又挥笔写下了"宋少帝与丞相陆秀夫殉国于此"十三个行草大字，有关部门把它刻在近岸一块新的奇石上，让人凭吊怀古。这就是现在位于崖门海战区附近海军基地内的新奇石。

　　崖山海战是中国古代规模最大的一次海战，其参战兵力、舰船和伤亡人数之多，在古代海战史上都是空前绝后的，而崖山一战南宋覆灭，也是中国历史的一个重要转折点。

敬修堂

2009年，敬修堂传统中药文化被列入广东省非物质文化遗产代表性项目名录。

敬修堂，最初由浙江慈溪商人钱树田于清乾隆五十五年（1790年）在广州太平桥创设，取意"敬业修明、普济众生"，并自取商标"园田牌"，以经营自制的回春丹、乌鸡丸等为主，后由其家族传承。20世纪50年代组成公私合营敬修堂联合制药厂，90年代改制为股份有限公司至今。

相传在清朝乾隆年间，浙江慈溪商人钱树田经常从宁波贩运丝绸到广州。钱树田不但有经商头脑，还颇通医术，自制了不少丸散膏药，经常对沿途的病患者施医赠药。

有一年，钱树田用自制的回春丹治好了一个大富人家的小孩，为感激他的救子之恩，便

普通话音频

粤语音频

出资助他开办药厂。1790年，敬修堂钱树田中药厂在广州城南门挂牌营业，据说厂名就是这位富商赐予的。

药厂初期经营的园田牌药品以回春丹、如意膏为主，产品都是经过精心炮制的，疗效好，受到一致推崇。到了清道光年间，敬修堂业务和规模有了发展，生产工艺和管理日渐改进，成为在中外享有一定声誉的中成药厂。两百多年来，钱氏一族恪守"敬业修明、广施妙药"的经营宗旨，精制各类药品和保健品，深受海内外欢迎。

广东木偶戏

  2011年，广东木偶戏被列入国家级非物质文化遗产代表性项目名录。

  广东木偶戏是一种非常古老的地方传统戏剧，距今已有700多年历史，其种类繁多，具有很高的艺术价值。

  关于木偶戏还有一个很有趣的故事。相传在汉朝初年，汉高祖刘邦被敌人围困，形势岌岌可危。眼见敌人马上就要发动进攻，刘邦非常着急，连忙向军师陈平求助。陈平是个智计百出的人物，他了解到对方的首领有位醋意很大的夫人，于是他向刘邦建议，请一群木偶制作师和木偶演员，做一批非常逼真的木偶，一个个都是美貌非凡、玲珑有致的美女造型。然后再派人举着这些木偶，在城墙上借着月光翩

普通话音频

粤语音频

翩起舞，在夜色之中姿态万千。那位夫人一见之下，顿时十分不安，心想说这还了得，如果我夫君攻入城内，一定会被这些美色所迷惑，到时自己的地位就岌岌可危了。于是，她跑去丈夫那里劝说，终于说服丈夫退兵，刘邦就此逃过一劫。

这个传说虽然没有在史料中记载，但从中可以看出木偶戏出现的时间很早。而到了现代，即使娱乐方式丰富了，但木偶戏依然是大家喜闻乐见的传统艺术。

广州玉雕

2008年，广州玉雕被列入国家级非物质文化遗产代表性项目名录。

广州玉雕是广东省民间雕刻艺术之一，形成于唐代中后期，至今已有一千多年的历史。它以典雅秀丽、玲珑剔透的"南派"风格而独树一帜，与北京、扬州、上海的玉雕工艺并称为"中国玉雕界四大门派"。每件玉雕工艺品都凝聚着工匠的心血，其中以玉球尤有特色。

吴公炎是玉球的开山鼻祖。他生于1919年，是广东清远人。因为自幼家中清贫，又遇上兵荒马乱的年代，吴公炎十岁时就进入玉器行当学徒。最开始，他也只做一些简单粗糙的玉雕小件，但渐渐地，他的手艺与众

普通话音频

粤语音频

不同。外贸公司找上门来请他进行玉雕工艺品生产，吴公炎的"大师"之路就此开始。多年的技艺磨炼，使吴公炎在行内颇有名气，但他并未满足于此，他决心要把广州牙雕的雕刻工艺，移植到玉雕上来！

因为玉石的硬度远超象牙，要雕刻出多层镂空可活动的球体，不但史无先例，而且难度极大，同行们都纷纷质疑。吴公炎却认定事在人为，经过长时间的钻研和尝试，终于雕出了中国的第一只玉球。这个玉球共有八层，每层都可以灵活转动。后来，他又创作了玉雕子母球，成为了南派玉雕工艺领军人物，而玉球也成为了广州玉雕的特色之作。

佛山彩扎（佛山狮头）

2008年，佛山狮头彩扎被列入第二批国家级非物质文化遗产代表性项目名录。

佛山狮头彩扎是广东省佛山市的传统民间工艺美术和造型艺术，相传起源于明代，与民俗活动中的舞狮相伴而生。佛山狮头汲取了广东石雕狮子的造型特点，造型既夸张又浪漫，既威武又风趣，生动逼真，活泼可爱，极具地方特色。

相传在清乾隆年间，佛山曾发生一场瘟疫，很多百姓和牲畜都受到瘟疫波及。当时，人们都相信狮子是能够驱除邪恶、避免灾害、带来好运的吉祥瑞物，于是，当地的人们就组成了狮会团体，号召大家一起制作道具，舞狮祛瘟。

佛山练武风气兴盛，所以很快就涌现了很

普通话音频

粤语音频

多狮会团体。他们不仅自己制作彩狮，还会舞着狮子穿街走巷，为各家各户驱灾求福。

不久之后，瘟疫渐渐消除，大家认为这是舞狮的功劳，更加相信舞狮可以消灾祈福，狮会团体也更加壮大。在这个过程之中，彩扎狮头也应运而生，并且越来越兴盛。

佛山狮头彩扎融戏剧、绘画、装饰等多种艺术元素于一体，造型手法独特，地域特色浓郁，人文内涵丰富，多姿多彩，形神兼备，自成一格，深受海外华人华侨喜爱。

岭南古琴艺术

2008年，岭南派古琴艺术被列入国家级非物质文化遗产代表作项目名录。

古琴是中国最早的弹拨乐器，是中国传统文化之瑰宝。早在汉朝，岭南地区就有琴的流传，岭南琴派刚健、爽朗、明快，而且以其历史久远、文献浩瀚、内涵丰富和影响深远为世人所珍视。

相传，岭南地区有四大名琴，分别是天向、春雷、秋波和绿绮台。其中，关于绿绮台，还有一段悲壮的故事。

传说此琴是唐朝所制，历经藏家之手，还曾经被明武宗朱厚照收藏。后来到了明朝末年，此琴被南海诗人邝露所得。邝露收藏了不少珍宝，其中以两张古琴——"绿绮台"和"南风"最为

普通话音频

粤语音频

珍贵，出游时必定带在身边。

　　在永历四年，清军入侵广东，邝露与南明将士死守广州将近十个月，终于不敌城破。邝露不愿投降，于是回到自己的书房海雪堂，穿上明朝官服，将自己收藏的古琴和其他珍品一一放在自己身边，静候清兵杀到，从容就义。

　　后来惠阳人叶锦衣敬重邝露爱国之情，以重金购买绿绮台，并辗转在藏家手中保存了下来。

　　古琴的艺术，自唐朝以来，已有琴谱记载和流传，可惜对于音符的描述却不够准确详细，难以完全复原，但这些流传下来的琴曲中，保留了不少古代民族音乐艺术的成分，是我国宝贵的文化艺术遗产。

珠海装泥鱼

2011年，有着240多年历史的传统习俗"装泥鱼"，被列入国家级非物质文化代表性项目遗产。

装泥鱼是广东省珠海市斗门区乾务镇极富地方特色的一项传统习俗，作为一种历史悠久的传统手工技艺，"装泥鱼"集传统手工编织和捕鱼技艺于一身，在斗门区乾务镇广大滩涂地区广为流传。

泥鱼肉味鲜美，有较高的营养价值，而且只能生活在没有污染的岩石中，在广东沿海一带十分常见。泥鱼表皮非常光滑，经常在浅滩上跳跃或爬行，很难徒手捕捉。

相传在同治年间，《香山县志》对于泥鱼和捕鱼就有记载，村民们最初是通过钓鱼的方式

普通话音频

粤语音频

来捕捉，但因为一直没有找到合适的钓饵，所以效果一直不好。

后来，当地有一位木匠看到这些灰黑色的鱼一直在水中的淤泥里活动，灵机一动，根据泥鱼喜欢在泥洞里出没的习性，琢磨出了用笼子诱捕的办法。他通过自己平时对木材的了解，选择了质地较软的竹篾片，将其削成细长条状，交叉编织成一个笼子，并将笼子口部制作得非常窄，模仿泥洞，引诱泥鱼进笼子。从此以后，当地的人们就学会了用笼子捕捉泥鱼，大大丰富了菜单，改善了生活。

香云纱

2008年，香云纱染整技艺被列入第二批国家级非物质文化遗产代表性项目目录。

中国的丝织品有上千年的历史，衍生出了许许多多的种类，广东的香云纱就是其中一种。香云纱因为使用薯莨染色，所以本名叫作莨纱，是世界上唯一一种只用植物染色的丝织品，十分罕有。

据说在很久以前，南粤山区里有一个农民非常贫穷，没钱买带颜色的布料制作衣服，就只能穿没有染色的白色布衣干农活，不仅不美观还十分容易脏。

有一天，他出门干农活儿时，偶然在河边捡到一个薯莨，在打开它时失手把薯莨弄到河里，没想到竟然把河水染红了。农民灵机一动，想到用薯莨来给白色布料染色制衣，多次

普通话音频

粤语音频

　　试验后终于成功制成了早期的香云纱。后来这种染色方法传播开来，又发展出了用河泥浸染布料的方式，形成了香云纱独特的染整技术。

　　由于香云纱质地柔软、轻薄舒适，所以深受海内外消费者的喜欢，就连宋庆龄都十分钟爱香云纱制成的旗袍，甚至在发福后还要把旗袍两侧拼接放大后接着穿。

莞香

2014年，莞香制作技艺被列入第四批国家级非物质文化遗产代表性项目名录。

广东地处南方，地理位置和气候环境都与中原不同，自古以来就种植了各种各样的香树，莞香树就是其中一种，是用来制作莞香的原材料。早年广东制香的种类很多，原材料也各有不同。但是后来莞香名气越来越大，香农纷纷改为种植莞香树，其他的香料也就慢慢没落下去。

莞香还有一个有趣的名字叫做女儿香，关于它的由来有许多传说，最出名的是以下两个。第一个说的是在清朝康熙年间，著名的香农汤茂才为了让家人生活更加富裕，于是起早贪黑地照料香树，他的女儿汤秀香十分有孝

普通话音频

粤语音频

心，看见父亲如此辛苦，于是每天为父亲烧水做饭，帮父亲打理香园。汤茂才也非常疼爱这个懂事的女儿，每年都尽心挑选最好的牙香存下来给女儿当嫁妆。后来女儿远嫁，汤茂才思念女儿的时候就会点上一块香，乡亲们闻到奇异的香味都会赶来查看，询问之后得知缘由，就把这种香叫做女儿香。

另外一个传说说的是在古时候，在广东种植香树的人们在香树长大后会把树连根拔起，洗晒成块后卖给商人，这一个过程通常会请心灵手巧的女孩们完成，而女孩们往往会把最好的香块偷偷藏在衣服里，用来换取脂粉，香块沾上了女孩的香气，所以叫做女儿香。

中山咸水歌

2006年，中山咸水歌被列入第一批国家级非物质文化遗产代表性项目名录。

中山咸水歌是广东独有的一种传统音乐，产生于明末清初，到现在已经有大约三百年的历史了。时至今日，咸水歌已经有了很多新的发展。最早的咸水歌来自坦洲县。

相传在山区和沙田地区交界的地方，一直相邻生活的客家山村和疍家沙田围村因为土地与用水的问题引发了矛盾。当时族群观念浓厚的客家人定下了一条严格的乡规：女不嫁沙田围，男不娶艇家妹，任何违反的族人都要受到严厉的惩罚。

有一天，一个客家山村的年轻男子从外捕鱼回家的时候，在路上不小心被毒蛇咬伤，中

普通话音频

粤语音频

毒晕倒在路边。 正巧没过一会儿就有一位善良的疍家女孩经过，人命关天的紧急时刻，她不顾族约禁令、不避男女之嫌，把这个客家男人背回家，请求自己做蛇医的父亲治疗。

男子康复之后，感激女孩的救命之恩，经常来帮她做农活儿，就这样，一对青年男女很快产生了情愫，常常通过唱山歌的方式来向对方表达爱慕之情。

因为女孩听不懂男子的客家山歌，男子就改个腔调，用白话唱咸水歌给她听。后来，两人的恋情被山村客家族人发现，为免遭棒打鸳鸯，这对情侣"私奔"到五桂山山区安居，并将这种独特的山歌流传下来，成为了现在的咸水歌。

梅州客家山歌

2006年，梅州客家山歌被列入第一批国家级非物质文化遗产代表性项目名录。

梅州客家山歌放达淳朴、情感充沛、内容丰富，是中国民歌体裁中的一种，也是有着《诗经》遗风的天籁之音。客家山歌通过吸收《诗经》《楚辞》以及汉乐府民歌的精华，并借鉴多个少数民族歌谣的优秀之处，得到了进一步的发展。

传说在唐朝的时候，梅州有一个名叫刘三妹的女歌手，她天生有着一副好嗓子，而且聪明伶俐，在当地小有名气，吸引了不少青年男女前来对唱山歌。

有一天，刘三妹正蹲在河边洗衣服，这时来了一只船，船上站着一位傲慢的秀才，点名

普通话音频

粤语音频

要和刘三妹对歌。刘三妹看这秀才一脸的不可一世，便问道"你有多少山歌，居然敢和我刘三妹对歌？"秀才回答到："讲唱山歌我最多，船上载有七八箩，拿出一箩同你对，对到明年割早禾。"刘三妹听了之后，觉得秀才特别好笑，随后唱到："河唇洗衣刘三妹，借问秀才哪里来？自古山歌从口出，哪有山歌船载来。"秀才一听才发现，自己根本不是刘三妹的对手，便灰溜溜地离开了。从此，"自古山歌从口出"也就成为了山歌中的名句。

白沙茅龙笔

2008年，白沙茅龙笔制作技艺被列入第二批国家级非物质文化遗产代表性项目名录。

白沙茅龙笔，是由明朝陈白沙先生所发明的一种新型毛笔，改变了传统毛笔的制作工艺，不用动物毛发制作，取而代之的是植物纤维，原材料以当地圭峰山上的硬朗茅草为主。茅龙笔没有笔锋，不论书法还是作画，都大方硬朗，充满阳刚之气。

相传在一个夜晚，白沙先生坐在圭峰山玉台寺前看书，当晚月光皎洁，他随手折下了身旁的一根白茅，在月光的映照下，白沙先生注意到了白茅被折断的部分，断面露出了像毛笔一般的植物纤维，柔软而富有弹性。白沙先生大喜，立马又折断一把白茅带回家中，尝试制作新的毛笔。

普通话音频

粤语音频

　　他首先将白茅晒干，晒干之后将一头敲散，使纤维根根分明作为笔头，之后便将白茅浸泡在石灰水中让笔刷柔顺，浸泡之后拿出晒干，最终成笔。

　　成笔之后，白沙先生尝试下笔，发现此笔笔画硬朗，颇有阳刚之气，由于白茅笔没有笔锋，笔画中有一些地方未能着墨，更添自然洒脱的情趣，被称为"飞白"。

　　如今的白沙茅龙笔主要选用新会圭峰山国家森林公园的圭峰茅草，经选裁、锤砸、浸泡、刮青削草、捆扎装饰等多道工序制作而成。

灰塑

2008年，灰塑被列入国家级非物质文化遗产代表性项目名录。

灰塑，俗称"灰批"，又名堆灰，是从砖雕和泥塑两种技艺派生出来的一种室外传统建筑装饰艺术，是岭南建筑的传统装饰，也是我国民间工艺的瑰宝。

灰塑与岭南传统建筑相辅相成，陈家祠、资政大夫祠、余荫山房、南海神庙等古建筑上，均有灰塑作品的存留。

这些古建筑上的每个灰塑作品，往往都有不同的历史故事或民间传说。例如，陈家祠首进东厢南面的蔚颖廊门门额上，有一个主体构图为"赵美容打飞熊"的灰塑，其背后就有一个有趣的故事。

传说赵美容是宋太祖赵匡胤的妹妹，与武将出身的哥哥一样，武艺超群。当时宋朝建立不

普通话音频

粤语音频

久，周边的蕃国颇有不服之意。有一次，其中一个对宋朝不太服气的蕃国送来了一只野性难驯的"飞熊"，有心来挑衅一下中原皇帝，想看中原人出丑。赵匡胤看到这头"飞熊"固然没有被吓到，但他以皇帝之尊，总不好意思亲自下场，而其他人见这头"飞熊"凶猛，都望而却步。正当蕃国的使者准备嘲笑中原无人的时候，赵美容挺身而出，三两下就把这头"飞熊"整治得服服帖帖，蕃国的使者想不到中原女子也如此英武，想来男子自然更加厉害，回国之后向首领汇报，蕃国从此不敢再轻视中原了。

　　岭南地区的灰塑技艺特点鲜明、色彩艳丽、造型奇巧、别具匠心，除了背后有故事和传说之外，还会以借喻、象征、谐音等表现手法，注入祈祥纳福、驱邪避灾的寓意。

阳江剪刀

2013年，阳江剪刀锻制技艺被列入广东省非物质文化遗产代表性项目名录。

广东阳江的阳春市，素有"春州古邑，人杰地灵"之美誉。随着"中国刀剪之都"广东阳江在海内外的声名远播，不仅仅是阳江剪刀锻制技艺的精湛令人感叹，还有关于"阳江刀"的一些历史文化渊源，也引起了当地文化界的关注。

在广东阳江刀剪文化中，一直都流传着一个关于"大刀李惟扬"的故事。

相传在清朝康熙年间，当地有个年轻人叫李惟扬，他从小就志气颇高，少年时期曾跟一个外来的僧人学武。僧人要求李惟扬必须舞动150斤重的大刀后，才有资格参加武举，在皇帝面前演武。他还到当时的阳江

普通话音频

粤语音频

城，仿照三国名将关云长的青龙偃月刀，定制了一把150斤重的大刀，请人抬回去交到李惟扬手中。

历经三年苦练，李惟扬终于能将大刀舞得"水泼不进"，还未进考场就已经惊动了整个京城。皇帝闻之大喜，连夜召见李惟扬要他在殿前表演。然而，正当他舞得起劲时，因为手心出汗导致刀柄打滑，大刀竟然离手，将皇帝和侍卫们都吓了一跳。

幸好皇帝并不怪罪，还十分欣赏他，赐李惟扬为殿前侍卫。后来，他官至广东右翼总兵，名声显赫。

当年李惟扬练武的石锁和那曾在殿前表演的150斤折影大刀，现在还保存在阳春市博物馆内，而李惟扬的"大刀精神"也被广为传播。

瑶族银饰制作技艺

　　2013年，瑶族银饰制作技艺被列入广东省第五批省级非物质文化遗产代表性项目名录。

　　"岭南无山不有瑶"，瑶族人民世居深山，很少与外界交往，至今仍保留着古朴独特的风俗。千百年来，瑶族创造了丰富多彩的瑶族文化，古朴多姿的服饰便是其文化艺术的重要组成部分，其中以瑶族银饰为代表，至今仍然保持着款式繁多、色彩夺目、图案古朴、工艺精美的鲜明特点。

　　而关于瑶族的诞生有着这样一个故事。

　　传说在古时候，有一对兄妹，父母早逝。一天，有位仙人见兄妹俩可怜，就给了他们两粒瓜籽种，于是兄妹俩便种起瓜来，渐渐地，瓜藤爬满了十二座坡，又盖满了十二个坝，才开出了十二朵喇叭花，然而只结了一个葫芦瓜。葫芦瓜越长越大，最后长得比小禾仓还要大。

普通话音频

粤语音频

　　这时，仙人出现了，他告诉兄妹俩，要赶快把瓜摘下来，锯开口子，掏空芯子，把柴米油盐装到里面去，以后只要听到打雷下雨，就赶快躲进葫芦瓜里去。

　　兄妹俩一一照做后，果然就电闪雷鸣，顿时倾盆大雨，大雨一直下了七天七夜。大雨停后，兄妹俩探出头往外一看，到处都是洪水，一片汪洋大海，兄妹俩坐着葫芦瓜漂过湖南，漂过江西，漂了十三年后又漂回到了贵州茂兰。最后，仙人用魔杖戳通大地，洪水才终于消退。兄妹俩的葫芦瓜便停在努滩坡上。

　　由于天下被淹十三年，人都死光了。仙家就要兄妹俩结成夫妻，繁衍后代。兄妹俩一开始不同意，后来仙人想出了滚磨石的办法，让兄妹俩各拿一块磨片从山坡的不同面滚下去，如果两块磨片叠在一起，兄妹俩就要结为夫妻。于是，哥哥就从阳坡的一面滚磨石，妹妹从阴坡的一面滚磨石，结果这两块磨石不前不后，不偏不倚，恰恰叠在一起。自此，兄妹俩结为夫妻，瑶族人民也由此诞生了。

　　说到瑶族的银饰，品类繁多，包括头簪、耳环、项圈等，大多刻有各种图腾，传递着瑶民对历史英雄和祖先的崇拜之情以及趋吉避凶的美好愿望。

揭阳风筝

2013年，揭阳风筝制作技艺被列入广东省第五批省级非物质文化遗产代表性项目名录。

揭阳市榕城区位于粤东潮汕平原中部，濒临南海。风筝于宋朝传入揭阳，旺盛于明清，是一种民间文化娱乐活动。揭阳风筝艺术独特，是潮汕风筝的代表，以竹、纸、绸、颜料、香糊作主要原料，传统工艺纯手工制作，以师承或家传的形式流传至今。

而关于风筝的由来有一个有趣的故事。在古代，斗笠是一种防雨防暑工具，广泛用于渔猎和耕作。有一次，一个农夫在耕作的时候，忽然狂风大作，卷起了他的斗笠，于是农夫便赶紧去追，没抓到斗笠，但是一下子抓住了斗笠后面的系绳，恰巧这个系绳很长，斗笠便在空中飞行，农夫觉得很有趣，之后便经常给村民们放斗笠，

普通话音频

粤语音频

之后就逐渐演变成了风筝。

　　虽然这个故事只是民间传说，史料未曾记载，但是风筝的出现确实给了大众一种新的娱乐方式。相传明朝理学家薛中离首创八卦风筝，常与学生在中离溪旁放风筝。而在古代，每年九月，揭阳进贤门外常有风筝竞飞活动，并涌现出一批风筝制作的高手。风筝经过老手艺人们的代代坚守，作品构思巧妙、色彩鲜艳、形象逼真，立体感十足，并逐渐形成了传统特色鲜明、民俗艺术性强的揭阳风筝制作风格和技艺特点。

茶坑石雕刻

　　2013年，茶坑石雕刻技艺被列入广东省非物质文化遗产代表性项目名录。

　　茶坑石雕刻技艺是广东省恩平市的地方民间传统雕刻技艺，起源于清朝嘉庆年初，流传至今已有二百多年历史，是基于独特的恩平茶坑石石材与中国文房四宝文化相结合而产生的传统手工技艺，是恩平市独特的传统文化表现形式。据史料记载，清朝著名学者阮元喜欢茶坑石"形色俱佳"而随石之形雕成砚山，并被书画名家谢里甫太史喜爱而随石点缀，遂石以画传，一时被充贡品。

　　关于茶坑石技艺的传承，有一段颇为艰辛的经历。茶坑石雕刻第二代传人郑缵浓师从梁文学艺，在传承茶坑石雕刻技艺的基础上，不断尝试推陈出新。

　　可是，由于当时市场尚未开发，矿山的维

普通话音频

粤语音频

护、开采费用成为沉重的负担，他不仅投入了全部身家，还负债经营。

为了维持技艺的传承，郑缵浓甚至传授妻子吴辉英雕刻技艺，还动员三个女儿放弃稳定的工作，跟他学艺。之后又动员外甥林志明放弃广州的舒适生活，来到恩平，投身到雕刻技艺的传承中。

茶坑石雕刻技艺经过第三、四、五代传承人潜心钻研，努力开拓，在坚守茶坑石传统雕刻文化的基础上，融入时代的审美需求，形成了茶坑石别具一格的雕刻艺术，并借助现代的媒体平台积极推广，终于使茶坑石工艺品和日用品声名鹊起。

茶坑石雕刻突出了"重皮顺纹俏色"的工艺特色，风格鲜明而独特，融古汇今，自成一家，传承至今已在工艺美术界占有一席之地。

　　2015年5月26日，罗氏柑普茶制作技艺被批准为江门市非物质文化遗产，同年底被列入广东省第六批省级非物质文化遗产代表性项目名录，成为江门27个省级非遗项目之一。

　　柑普茶，又名新会柑普洱茶。采用广东新会柑和云南普洱茶为原料，在没有任何添加剂的情况下，经生晒、半生晒制作而成。柑普茶入口甘醇、有独特的花香和陈皮香，且有理气的功效。关于柑普茶的制作工艺，最有名的要数罗氏柑普茶的制作。

　　罗天池，生于1805年，广东新会葫底人。清道光六年中了进士，被称为"粤东四大家"之一。罗氏柑普茶就由他始创。

　　相传，罗天池在云南任职期间，非常喜欢当地的普洱茶，几乎每天都要泡普洱茶来喝。

普通话音频

粤语音频

后来，他辞官回到棠下良溪，就带回大量的云南普洱茶。回乡后的一年秋季，罗天池因为操劳而不慎感冒，他的妻子听了祖传的方法，用陈年柑皮煮水给他服用，据说有缓解感冒的功效。而罗天池却以为妻子是煮水为他泡茶，便将陈皮汤倒入茶壶。就是这一次的误打误撞，罗天池发现陈皮汤泡普洱茶口感竟非常好，而且对治疗咳嗽、痰多有神奇的效果。

从那时起，罗天池便养成了喝普洱茶都加陈皮的习惯。后来，他为了方便冲泡和储存，便制作了罗氏柑普茶，并教授乡人制作。柑普茶便这样在良溪流传开来，之后又传到鹤山、新会、开平等地，罗氏柑普茶制作技艺也沿传至今。

罗氏柑普茶制作技艺传承了民间饮茶的文化精髓，是良溪"后珠玑巷"文化中不可缺少的部分，代表了良溪人独特的茶文化和乡情。

高要春社

　　2013年，高要春社被列入为广东省第五批省级非物质文化遗产代表性项目名录。

　　高要，古为百越之地，是岭南文化发祥地之一。在高要地区，有着社稷崇拜的民间习俗——"春社"。从农历二月初到二月下旬，都有相关的传统庆典活动，例如"社坛""社公""土主""奉香""放炮""食茶果"等。

　　在一年的节令中，春社可以说是春天中重要的节日，古人把春天祭祀社神（即土地神）的日子称为春社。关于春社，有这样一个古老的神话传说。

　　社神原名勾龙，是水神共工的儿子。共工长得很可怕，人脸蛇身，满头红发，并且脾气十分暴躁。有一天，水神共工和天神起了冲突，要

普通话音频

粤语音频

大打一场。谁知一怒之下，他们竟把撑天的柱子碰断了。顷刻间，天崩地裂，天昏地暗。就在万物生灵涂炭的时候，女娲炼就了五色石，才终于把塌下来的天补好。勾龙看见父亲共工撞塌了天，造成洪水泛滥、万物消沉，心里非常难过。当女娲将天补好之后，他就以一己之力把九州的大裂缝填平。玉帝由此选中了勾龙，给他封了个官——后土。此后，勾龙便负责手拿丈量土地的绳子，专门管理四面八方的土地。勾龙也就成了百姓所信奉的——社神。祭祀社神的活动代代相传，百姓通常会巡游、社祭、放炮、抢炮，以祈求风调雨顺、土地丰收。

年例

　　年例是一种信仰，一种祝福。2012年，年例（茂名年例）被广东省列入广东省第四批省级非物质文化遗产代表性项目名录。

　　年例，是粤西人民过年的传统贺岁方式，从农历正月初二延续至二月底，以游神摆宗台为核心，并伴有各种各样的民俗文化节目和祭祀活动。人们通过这样的方式，祈求风调雨顺、国泰民安。

　　年例文化萌芽于岭南古老的祭祀活动，包括起年例、正年例、年例尾等。其中茂名年例以粤西地区民间信仰为基础，影响甚远。而它的由来，与当地著名的冼夫人有着密不可分的关系。

　　冼夫人，本名冼英，南北朝至隋朝时期人，她出身于世代为南越首领的冼氏家族。最初，在电白生活的都是南越族即俚族。秦始皇统一中国后，在"移民实边"政策的影响下，一部分中原

普通话音频

粤语音频

人被有计划地移居到岭南地区，繁衍生息。南越族与中原汉族的联系便渐渐加强，出现了第一次民族融合。梁大同初年，已经是岭南俚族女首领的冼夫人与汉人高凉太守冯宝结婚，他们关心百姓疾苦，积极统一平定岭南。相传，当时广州刺史欧阳纥反陈，地区一度陷入混乱，冼夫人带领军队，奋勇对抗，最终击败了反陈的欧阳纥，被封为石龙夫人。后来，王仲宣叛乱，冼夫人再次率队出军，凯旋而归。隋文帝非常敬佩冼夫人，封她为谯国夫人，并设置了谯国夫人幕府，所辖地区的六州兵马都允许她调拨。冼夫人一生都致力于维护国家统一、民族团结，对岭南一带乃至中原局势稳定都有举足轻重的贡献。

　　1400多年来，冼夫人成为百姓心中信奉的神灵，一直受到敬仰和崇拜。她被誉为"中国巾帼英雄第一人"。每年粤西各村庄都在"年例"这一天进行游神等系列活动，供奉的就是以冼夫人为首的神像。

罗定豆豉酿制技艺

2013年，罗定豆豉酿制技艺被列入广东省第五批省级非物质文化遗产代表性项目名录。

罗定豆豉酿制技艺有着悠久的历史，早在明清时便享有盛誉。它以纯净的黑豆或黄豆为原料，经蒸煮、发酵、冲洗、晾晒和味而成，共包括九道工序。罗定豆豉鲜香可口、汁味鲜浓，具有多种营养和一定药用价值。

相传，唐上元二年间，洪州阎都督为庆祝重修滕王阁落成而宴请宾客，文学家王勃也被邀请参席。在大家正是欢悦时，阎都督请文人墨客为滕王阁作序，王勃年少气盛，只见他挥洒笔墨、一气呵成，写下千古名篇，在场宾客无不拍手鼓掌。阎都督高兴之余，就留王勃在府中多留些日子。

但阎都督因为连日宴请，贪杯受了风寒，

普通话音频

粤语音频

浑身酸痛，咳嗽不已，家人请来多位名医，确定病症后要用麻黄入药，而阎都督则认为麻黄是烈性药，他年迈而拒绝服用。

正当大家无可奈何之际，恰巧王勃听到了这件事，想起几天前自己在河旁遇见一位老翁在翻晒大豆，而老人的茅屋前有两口浸泡着草药的大缸。老人对王勃说："这是麻黄浓煎取汁，两缸药汁相混，用以泡浸大豆，再煮熟发酵，做成豆豉，便可以做小菜，当地百姓很爱吃。放点葱头、辣椒、大蒜一炒，又辣又咸，香中带甜，下饭好极了。"于是王勃抓了几粒豆豉，放在口中，一股清香直冲上来、美味至极。王勃见众医束手无策，心想："麻黄为方中要药，古人用大黄豆卷代之称为过桥麻黄，我何不用豆豉呢？"

他把想法说了出来，结果大家都连连笑着摇头，认为当地的小菜怎么可以当作医治的药物呢。在王勃的苦苦劝说下，阎都督答应连服三天。谁知还真的见效！后来，都督扩大了豆豉的作坊。从此，豆豉行销大江南北，至今不衰。

洪拳

洪拳在广东、香港、澳门等地均有传播，2013年，被列入广东省非物质文化遗产代表性项目名录。

洪拳是南派拳术代表之一、广东五大名拳之一，在广东多个地区都得到广泛传播。相传是由清朝南少林俗家弟子洪熙官所创。

大家熟悉的武术大师黄飞鸿，也是洪拳的高手。黄飞鸿从6岁起就开始跟随父亲黄麒英习武，十三岁时又跟随铁桥三的首徒林福成学习了铁线拳、飞铊等绝技，因此他的武术博采洪拳多位宗师的精华，后来更创立虎鹤双形拳。

关于黄飞鸿的事迹有很多。据说，1866年广州西樵官山墟的一家当铺在深夜被几十个歹徒打劫，正值危急关头，黄飞鸿挺身而出，一个

普通话音频

粤语音频

人击退了几十人，这在当地成为了一段佳话。之后不久，又发生了一件事更让黄飞鸿声名大振。当时在香港有一个洋人带来了一只凶狠异常的大狼狗，个头宛如一头小牛犊。洋人在香港设了一个擂台，向华人发出挑战，还出言不逊，讽刺华人打不过一头畜生。黄飞鸿一听说这件事，就拍案而起，决心要治治这个不知天高地厚的洋人。黄飞鸿直奔香港，在擂台上，仅用几记"猴行拐脚"就击毙了那条恶犬。洋人见状只得灰溜溜地逃走了，再也不敢在香港为非作歹。这几记"猴行拐脚"也为日后影视剧中黄飞鸿的"佛山无影脚"提供了原型。

珠玑巷人南迁传说

　　2013年，珠玑巷人南迁传说被列入广东省第五批省级非物质文化遗产代表性项目名录。

　　珠玑巷位于广东省南雄市，是过去人们南来北往的必经之地，也是中原人士逃避战祸南迁时一个重要的歇脚点，在岭南社会的发展史上发挥了举足轻重的作用。有关于珠玑巷人南迁的传说，被记载于族谱、诗文等文献中，还被文人墨客改编成章回小说、采茶戏、粤剧等。

　　相传，南宋度宗咸淳年间，胡贵妃因为被奸相贾似道迫害，被迫出逃。贾似道让尚书张钦率兵追捕胡贵妃。胡贵妃逃到钱塘江边，被路过的珠玑人黄贮万搭救。胡贵妃隐瞒了身份，跟随黄贮万回到了珠玑巷。之后，二人互

普通话音频

粤语音频

相心生爱慕之意，生活也逐步回到了正轨。

　　但不久，官兵追查到了胡贵妃的踪迹，要来抓捕她，贾似道更为了掩盖自己办事不力，下令血洗珠玑巷。迫于无奈，胡贵妃只好向黄贮万坦白了自己的身份。胡贵妃没想到的是，黄贮万非但没有怪罪她，还表示愿意陪她同生共死。为了避免珠玑巷百姓受到伤害，黄贮万与朋友们商议，决定带领全部的珠玑巷人逃往珠江三角洲。但在南迁的途中，胡贵妃不想殃及珠玑巷的人们，于是独自回到了珠玑巷，向官兵招认了自己的身份，随即投井自尽。

采芝林传统中药文化

  2009年，采芝林传统中药文化被列入广东省非物质文化遗产代表性项目名录。

  采芝林传统中药文化是岭南中医药文化的典型代表，始创于清乾隆年代，以"兴药济世"为创办宗旨。采芝林的经营范围以制作和售卖中药材为主，包括药材的种植、辨识、收购、加工等，其中辨药环节沿用传统的方法，药工通过眼看、手摸、鼻闻、品尝和水试、火试等手段，辨别药材的真伪、优劣。

  相传在乾隆年间，广东南海河清堡黎氏与同族的四个人一起，在清风桥边的惠爱大街（现广州市中山五路）上创办了一家中药铺，名叫采芝林，经营中药材的配制等。后来，为了迎合顾客需求，采芝林开始经营参茸补品。

普通话音频

粤语音频

因为采芝林店里的药材齐全，自制膏丸药效好，深受大众的喜爱，药店的生意也就越做越好。有一天，黎氏前去拜访番禺的一位举人刘华东。刘华东十分有学识，而且为人仗义热心。面对黎氏的盛情，他毫不犹疑地提笔为黎氏写下"采芝林"三个大字。黎氏回去后，立马命人把这三个字做成了黑漆底金色字的大牌匾，悬挂在店铺的正中间。一时之间，采芝林声名大噪，生意越来越兴隆。

陆河擂茶

2012年，陆河擂茶制作技艺被列入广东省非物质文化遗产代表性项目名录。

擂茶是陆河客家人的传统饮食方式，也是当地普遍的待客礼节。每年正月初七是"开茶日"，在这一天，陆河人会用七种菜擂成"七样菜茶"。这七样菜不尽相同，一般常见有用芹菜、芥兰、薄荷、荷兰豆等，用够七样即可。当地人把它们作为原料，再辅以佐料炒菜，或是加猪油渣一起炒，再放进茶钵研磨，制成油茶。

关于擂茶，有这样一个传说。在北宋初年，大将潘美奉宋太宗的命令南征。途径潮汕地区时，士兵因为水土不服，上吐下泻。面对这困境，潘美十分焦急，叫人到处打探治病的办法。

普通话音频

粤语音频

　　几经查探之下，士兵听说当地有种擂茶，能治疗水土不服之症。潘美虽然从没听说过什么擂茶，但这时候也只好死马当作活马医，命士兵去摘茶叶、挖生姜、碾磨米等，很快制出了大量的擂茶。

　　结果生病的士兵喝了一大碗滚烫的擂茶后，纷纷蒙头大睡。一觉醒来之后，竟然都奇迹般痊愈了。潘美得以继续南征，助力北宋一统天下。

　　而擂茶则因为这一次事件出了名，向周边地区流传开去，成为了客家饮食民俗的一大特色。

九江双蒸酒酿制技艺

2009年，九江双蒸酒酿制技艺被列入广东省非物质文化遗产代表性项目名录。

广东地区因为气候温暖潮湿，十分适合酒曲发酵，再加上九江镇自古以来就有优质的西江水和大米，所以九江镇的米酒向来醇香清甜，深受人们喜爱。也正因如此，九江镇的米酒酿制产业慢慢壮大起来，九江米酒也就越来越受欢迎。后来九江镇更是有人创新出了双蒸酒这个新的制酒方法，一直沿用至今。不过大家可能不知道，双蒸酒的诞生，一开始原来是一个"美丽的错误"。

传说在清朝道光年间有一对夫妻经营一家酒庄，生意并不是很好，所以生活十分节俭。有一天，酒蒸好后妻子搬起一个酒缸，但因为

普通话音频

粤语音频

力气不够，不小心滑倒了，而手中的酒也洒进了一整桶还有蒸的酵饭里面。因为实在舍不得浪费这么一整桶的原材料，无奈之下夫妻俩只能把混有熟酒的饭继续拿去蒸馏。令人意想不到的是，这桶里的酒竟然把饭的香气也吸收了进去，酒香和饭香混合让酒变得更加醇香绵软。自此之后夫妻两人就继续使用这种方法制作酒，生意也越来越好，从此以后双蒸酒就慢慢广受喜爱了。

石湾玉冰烧酒酿制技艺

2009年，石湾玉冰烧酒酿制技艺被列入广东省非物质文化遗产代表性项目名录。

中国酿制白酒的历史源远流长，在长时间的演变中也就产生了许多不同类型的白酒，豉香型白酒——石湾玉冰烧酒就是其中之一。而石湾玉冰烧酒冰清玉洁、豉香回甘的原因，还有一个不得不说的故事。

如今石湾酒厂的前身陈太吉酒庄，始创于清朝，其第三代传人陈如岳是道光年间的翰林学士。他晚年辞官回到故乡后，将精力投入到酿酒技艺之中。他观察到广东有很多地方的人都会把蛇或者毛鸡之类的动物浸泡在酒里面，恰好那一年莲塘乡举行敬老乡饮酒礼，陈如岳发现一些上了年纪的老人非常喜欢吃肥猪肉，这使他十分好

普通话音频

粤语音频

奇，于是细细品尝，发现肥猪肉入口滑腻香甜，于是他将两者结合，在米酒里面放入肥猪肉，反复试验之后得到了一坛十分清纯顺喉、味道绵软的米酒，而且这样酿制出来的米酒还比普通的酒多出几分独特浓郁的香味。

因为此酒是用肥猪肉浸泡制作而成，广东人一开始把这种烧酒取名为"肉冰烧"，又因为粤语中"肉"和"玉"为同音，且猪肉浸泡过后晶莹剔透更像一块美玉，广东人又将它叫做"玉冰烧"。

2012年，致美斋广式调味品制作技艺被列入广东省非物质文化遗产代表性项目名录。

"食在广州"的说法，可谓深入人心，粤菜独特的风味受到海内外华人一致好评，当然，粤菜美味不仅仅是因为做法细致、材料新鲜，还因为粤菜有自己独特的调味方法，在众多的广式调味品厂商之中，致美斋可以说是佼佼者。

关于致美斋的调料，有一个这样的传说。相传早年致美斋掌柜的夫人生产完后不幸感染了风寒，致美斋掌柜为夫人寻遍了天下的名医，却始终不能根治夫人的疾病，这让他十分忧愁。

有一天他到江边钓鱼，竟然钓起了一条金光闪闪的鲤鱼，掌柜看这条鲤鱼颇通人性又十

普通话音频

粤语音频

分美丽，不像是凡俗之物，于是把它放回了江里。当晚掌柜做了一个梦，梦到这条鲤鱼是仙女的化身，仙女告诉他制作甜醋的方法，还告诉他用甜醋和鸡蛋、姜、猪脚一起炖煮给夫人喝下，夫人就会好转。于是掌柜醒后立即叫伙计制作了甜醋让夫人食用，果然没过多久夫人的病就全好了。这个故事一传十、十传百，附近的女眷们都来购买致美斋家的甜醋，致美斋也因此声名远扬，制作的调味料更加受人们欢迎。

广州榄雕

2008年，广州榄雕被列入第二批国家级非物质文化遗产代表性项目名录。

广州榄雕作为一种广东民间雕刻技艺到现在已经有三百多年的历史。榄雕，是用乌榄榄核雕刻而成，由于制作精美、造型独特，后来还成为广东地区进贡的贡品，而明朝后期开始更是有一大批爱好榄雕艺术的人开始学习并不断创新发展榄雕艺术。

传说在清朝后期有一个叫谷生的书生，精通书画，特别是可以把佛祖、观音画得栩栩如生。后来有一天，谷生在读《虞初新志》的时候突然想到自己家乡新塘盛产乌榄，自己又喜欢画画雕刻，那为什么不干脆学习一下榄雕技术呢？于是他找来乌榄自己

普通话音频

粤语音频

雕刻，却发现乌榄核坚硬，不像平常石头一样容易雕刻。于是他苦心研究，广泛阅读乌榄雕刻的相关书籍，还向家乡的老人们讨教。不仅如此，为了得到最好的雕刻效果，他还自学了锻钢技术，锻造了一套最称手的刀凿反复练习雕刻，最终成为了榄雕大师。

豆腐节

2007年，豆腐节被列入广东省非物质文化遗产代表性项目名录。

广东佛冈县高岗镇的豆腐节，是佛冈县高岗镇社冈下村林氏族人元宵上灯习俗中，独具特色的一项民俗活动。在当地，豆腐节，像云南傣族的泼水节一样，是一年一度的重要活动。

据记载，豆腐节起源于1609年，在那年的正月十三，一位姓林的村民在祠堂点灯吃斋，为元宵节做准备的时候，无意中将豆腐弄到了另一位村民身上，引起了一场豆腐仗，在场的村民们都把自己手中的豆腐砸在了别人身上，场面十分混乱。

而到了第二年，去年参加这一场豆腐仗的

普通话音频

粤语音频

一位村民喜添了一名男丁，村民们认为正是豆腐仗带来的人丁兴旺。于是此后每年的正月十三，在给祠堂上灯时都由这一年最先出生的男丁的父亲组织打豆腐仗。在豆腐仗中，被掷中的人会认为这是吉祥如意的好兆头降临，同时也会将豆腐掷向对方，为他人带来好运。

至今，这项活动已经发展成全村老少全部参与的节庆，豆腐节以民众"互掷豆腐"的玩、乐形式去"互赠幸福"，寓意"兜福"，象征新的一年风调雨顺、五谷丰登、身壮力健、生活富足。

大鹏追念英烈习俗

2007年，大鹏追念英烈习俗被列入广东省第二批省级非物质文化遗产代表性项目名录。

大鹏追念英烈习俗，是深圳市大鹏地区"打醮"纪念阵亡战士的习俗，相传已有600多年历史。此地明清以来都为海防重地，抗日战争和解放战争时期又是革命根据地，战事不断。

相传，大鹏追念英烈习俗的起源也与建筑大鹏城有关。大鹏城在明洪武年间建成，而在建好使用前，北城门附近却发生了一场瘟疫，许多人和牲畜都病亡，引起了当地百姓的恐慌。负责建城的头领请来了风水大师到当地一看，认为北城门为白虎门，必须堵上北门才可以阻止瘟疫蔓延，他还请来道士"打醮"做法

普通话音频

粤语音频

事，以除掉瘟疫。清道光年间，刘起龙和赖恩爵两位将军率众在大鹏城"打醮"，这是大鹏清醮最早的记载。

　　古时深圳地区的"打醮"有两种模式，解除瘟疫的"瘟醮"或"傩"是其中一种，另一种则是为酬神庇佑、祈求平安的"太平清醮"，由于此地为海防重地，伤亡时有发生，所以大鹏清醮在相当长的一段时期也是为纪念阵亡军士和超渡海上罹难孤魂的"瘟醮"。大鹏是军屯重镇，士兵来自五湖四海，风俗信仰都各不相同，通过大鹏清醮这一盛大民俗活动，各种信仰与风俗都包罗其中，也促进了当地的文化融合。

五羊传说

　　2007，五羊传说被列入广东省第二批省级非物质文化遗产代表性项目名录。

　　拥有悠久历史的广州，有五羊城、羊城、穗城等别称，并且在广州城内也有不少以"五羊"命名的文物建筑和地点，这些特殊命名都源于一则有着显著地域色彩的神话传说——五羊传说。

　　五羊传说的最早记载是晋代年间孤微和裴渊所作的《广州记》。相传在周夷王时期，广州地区遍地荒芜，曾一度连年遭遇灾荒，田野荒芜，农业失收，百姓苦不堪言，民不聊生。

　　在南海一带有五位仙人，穿着五色衣冠，并且以与他们衣服颜色一致的五只羊

普通话音频

粤语音频

为各自的坐骑。五位仙人手上都持有稻穗，而且每一茎稻穗都有六穗。有一天，这五位仙人来到广州，降下云头，将各自手中的谷穗赠予当地的居民，并留下祝福："愿此阛阓，永无荒饥。"话音刚落，仙人们就驾起祥云腾空而去。而五位仙人的坐骑"五仙羊"则化作了五只石羊，留在了广州。此后，广州百姓就以此五羊为祥瑞之符，并以"五羊"作为广州的标志。

五羊传说由来已久，今天我们听到的版本，是广州百姓最为熟悉的，也是在历史的演变和百姓的口口相传中得以充实而丰富的。五羊的石像一直屹立在广州城内，既象征着安宁和平，也代表了广州人民对五羊文化的传承。

英石假山盆景技艺

　　古人建造园林皆以石取胜，叠山立石为峰，英石是中国四大园林名石之一，产于广东省英德市望埠镇英山，从宋代始至今已有1000多年的历史。英石假山盆景的制作工艺以自然奇石为依托，融入工匠的智慧，创造出多种类型的英石盆景，大者可独石成一景，小者可制作山水盆景。

　　相传，英石和大文豪苏东坡还有一段故事。话说在宋哲宗时，苏东坡从礼部侍郎被贬至英州。苏东坡到任第二天就在烟雨楼附近的奇石店发现了一件英石精品"壶中九华"。这件奇石五峰朝天，高低错落有致，因像九华山而得名。苏东坡正想把它买下来，却突然接到朝廷圣旨，他被再贬到惠州，便没有心思再去考虑买石的事了。不久后，他又被贬到琼州。这期间苏东坡日夜想

普通话音频

粤语音频

着那件一见钟情的"九华石"，便以"壶中九华"为题写诗，赞美"九华石"平滑光洁，山顶入云，天地流液，一处净景，并通过诗词表明曾想以百两白银买下。

　　宋徽宗登基后，下诏将以前被贬的老臣召回朝。苏东坡还朝时已历八年。当他再次经过英州时，恰逢英州郡守何智甫建好城内一座古桥，何向苏向他求文记桥。桥铭写好之后，苏东坡再次经过8年前的那间石店，可是"九华石"早已被人买去。他吟诗一首表明自己八年来念念不忘"壶中九华"，其中"尤物已随清梦去"一句流露出苏东坡当时无奈的心情。

　　2008年，英石假山盆景制作技艺被列入国家级非物质文化遗产名录。

　　"工夫"在潮汕话中的意思是做事方法讲究、细致用心。潮州工夫茶就是一件很讲究的茶事，精制的茶叶、考究的茶具、优雅的冲沏过程、品评礼仪等，无一不细致。潮州工夫茶已经融入到潮州人的血液，在商店门口、船上、车上、田埂上、路边……都能看到潮州人精致地摆个小茶盘，生个小碳炉，美美喝上几杯。

　　潮州人对茶到底有多痴迷？听听这个故事就知道了。

　　传说古时候，潮州有一位富翁很喜欢喝工夫茶。一天，有个乞丐在门外看见富翁，说："听闻您家的茶是精品，不知能否赏一口呢？"

　　富翁觉得好笑，说："你身为乞丐，也懂茶吗？"

　　乞丐说："我以前也是家境富裕的人，因食茶才破家的。"

普通话音频

粤语音频

于是富翁泡了一杯茶给他，乞丐饮后说："茶是不错，但茶味不够醇厚，这是茶壶太新造成的。我有一个好壶，以前常用，现在仍随身带着，虽然饥寒交迫，仍然舍不得割爱。"

富翁连忙请他拿出来，但见茶壶做工精细，色泽黝黑，揭开盖则有清冽香气溢出。富翁爱不释手，用来泡茶，果然茶味清醇，和平常泡的茶很不同，于是想向乞丐买。

乞丐说："可以，但不能整个壶都卖给你。这个壶实际值3000金，我卖一半给你，你给我1500金，我回去安置好妻儿。今后有空还可过来与你食茶清谈，共同享用此壶。怎么样？"

富翁欣然同意，乞丐安置好家人，之后果然每日都到富翁家，品茶聊天，就像多年的老朋友一样。

2008年，潮州工夫茶艺被列入国家级非物质文化遗产名录。

金花娘娘传说

金花娘娘又称金花夫人、金花圣母，是广东地区民间信奉的生育女神。金花娘娘传说表达了人民对于平安生子的愿望。

相传在洪武七年，广州巡按的夫人在生孩子时难产，请了多位接生婆都没能让孩子生下来。巡按大人急得在房间门口来回踱步，后来他感觉有些累了，坐在凳子上想休息一会儿，竟不小心睡着了。睡梦中，他看见一个老翁说："你去把金花姑娘请来，她可以保佑夫人母子平安。"巡按大人立马惊醒，派人在广州城内寻找叫金花的姑娘，很快十几位名叫金花的姑娘就一一来到了产房。

最后，当一位年芳十四的姑娘进入房内时，夫人立刻就平安生下了一名男婴。巡按非常高兴，连忙叩谢金花姑娘救命之恩。这件事很快在广州城传开了，许多妇女临产前都会找金花姑

普通话音频

粤语音频

娘，祈求庇佑，平安生子。但随着金花的名声越来越大，竟然没有人敢和她成亲。随着年岁渐长，金花姑娘变得终日郁郁不乐，最终投湖自尽。

金花姑娘的尸体浮出水面，很多天都没有腐败，甚至发出了奇异的香味。金花姑娘下葬不久后，湖中又浮出了一个沉香木像，相貌与金花十分相像。当地居民就把雕像迎接了回来，为金花姑娘建祠祀奉，并将金花的生日（农历四月十七日）定为"金花诞"。

2018年，金花娘娘传说被列入广东省第七批省级非物质文化遗产代表性项目名录。

粤语讲古

　　粤语讲古又称"讲古""说书""讲故事"，是广东讲古艺人用粤语对小说、民间故事等进行再创作和演绎的一种曲艺形式。至今已有众多经典剧目，如《水浒传》《三国演义》《西游记》《杨家将》《东周列国志》等，在珠江三角洲地区极受欢迎。

　　据说，江苏泰州的说书大师柳敬亭是广州最早的讲古表演者，那为什么一位江苏的说书大师会来到广州呢？

　　原来在明朝末年，柳敬亭心怀故国，坚持反清复明，曾为抗清将领左良玉的幕客。后来南明军不敌清军，纷纷向南撤退，柳敬亭也跟随军队来到了广州，并在这里定居了下来。

　　在广州，柳敬亭的说书表演受到了当地百姓的欢迎，但广府地区大部分人说粤语，他用官话

普通话音频

粤语音频

　　表演并非人人能听得懂。于是他开始吸收和融合当地的粤语方言艺术以及戏剧表演形式，逐渐形成了具有鲜明地域特色的表演方式，在粤语里称为"讲古"。因此广州的讲古艺人们一直都称柳敬亭为讲古行业的"祖师爷"。

　　粤语讲古，反映了广州的风土人情，承载着广州许多历史文化信息，有着极大的文化学、人类学以及民俗学研究价值。

　　2009年，粤语讲古被列入广东省第三批省级非物质文化遗产项目名录。

萝岗香雪

　　萝岗香雪，指的是广州市萝岗区"十里梅林"在开花时节的美丽景观。每年冬至前后，白色梅花遍地怒放，洁白晶莹，芬芳盈溢，不是飞雪胜似飞雪。在20世纪60年代初，萝岗香雪，蜚声中外，并在1963年被评为广州"羊城八景"之一。

　　相传在很久以前，一位叫钟玉岩的大伯下地干活时，碰到一只老鹰从他头顶飞过，飞的时候嘴里掉下了一颗种子。奇怪的是，种子不到三天就长出了一棵嫩绿的幼苗。幼苗长得飞快，仅仅过了三个月，高度就超过了钟玉岩。到了那年冬天，枝头结出了许多小白花和绿果子。小白花非常香，十里之外都能闻得到。小绿果则像翡翠玉石，吃起来十分爽口。

普通话音频

粤语音频

　　路过的邻居纷纷询问这奇特的果树叫什么。钟玉岩一想，这果树还没有名字呢，便回答"没"。大家以为钟玉岩说的是"梅"，"梅"这个名字就渐渐传开了。

　　2009年，萝岗香雪被列入广东省第三批省级非物质文化遗产项目名录。

盘古王诞

　　盘古王诞是广东花都的一种民间习俗。盘古文化在花都有着悠久的历史，当地人民十分崇拜盘古，盘古王诞是当地人的一种文化信仰、精神寄托。

　　据史料记载，当地的瑶族人一直将开天辟地的自然神盘古奉为自己的祖先，于是每到盘古诞辰之日，他们就会在盘古庙前庆祝，唱《盘古歌》，堆火焚香，加上山间的云雾，构成一幅烟霞辉映的奇景。

　　明末清初时期，当地兵灾匪患不断，百姓民不聊生，瑶民渐渐向北迁徙，盘古文化一度消亡。直到嘉庆年间，当地人邱毛松无意中在盘古王山的山腰处发现了一块盘古神碑，正面刻着"初开天地盘古大王圣帝神位"。邱毛松为了表示对盘古的敬仰，将拾到石碑的农历八月十二日定为盘古王诞日，并在拾碑处修建了一座盘古神

普通话音频

粤语音频

坛供奉盘古王。

　　邱毛松每天在神坛处施医救人，并四处游说让周围的人去参拜盘古。此后，盘古神坛的名声流传开来，盘古王的影响力也日益增大，最终在当地形成了"盘古王诞"这一大型民俗活动。

　　2007年，盘古王诞被列入广州市第一批市级非物质文化遗产名录。2008年，"盘古神踪"入选"花都八景"，花都被广东省文学艺术界联合会授予"广东省盘古文化之乡"称号。2010年，花都被中国民间文艺家协会授予"中国盘古王文化之乡"和"中国盘古王文化研究基地"称号。

派潭舞貔貅

增城区的派潭舞貔貅是当地的传统舞蹈，又被称为客家猫舞。它兴起于明末清初，距今已有约300年的历史。当地客家人逢年过节、碰到喜事都会举行舞貔貅的表演，来表达喜庆吉祥、祈求好运。

貔貅是龙的第九个孩子，外形为狮子头老虎身，以财为食、只进不出，虽然相貌凶猛却有着吉祥如意的寓意。

传说，唐僧西天取经时曾途经岭南，当时岭南正在闹瘟疫，人们生活在水深火热之中。听说只有貔貅才能解除人们的痛苦、驱散瘟疫，于是唐僧师徒百般寻找，终于在昆仑山石燕洞发现了貔貅，他让徒弟孙悟空和沙和尚想办法驯服凶猛的貔貅，来为人们消灾解难。经过一场殊死搏斗，徒弟二人终于把貔貅驯服，带了下山，拯救了千家万户的性命。村民们对此感激不尽，于是

普通话音频

粤语音频

在每年的七月七日，村民就会通过舞貔貅来表达对貔貅以及唐僧师徒的敬仰和感激。

派潭舞貔貅承载了当地客家人美好的生活愿景、古朴的民俗风情，也成为了维系客家人的精神纽带。

2007年，派潭舞貔貅被列入获广东省第二批省级非物质文化遗产名录。

官窑生菜会

　　官窑是佛山南海一个有着1100多年历史的文明古镇，以五代时南汉王派官到此办窑而得名，而官窑生菜会则是该地区最为知名的传统民俗文化活动。

　　官窑生菜会的由来十分有趣。相传，官窑生菜会起源于明代，当地的凤山古庙会在每年农历正月廿三到廿七日举办庙会，其中观音开库日是正月廿六日。在这一天信众们都会赶往凤山古庙找观音"借库""还库"。

　　进香后，善男信女还会到庙后面空地上的生菜摊吃生菜包，取其"包生"之意，祈求生孩子。吃生菜包还特别讲究，人们需要席地而坐，将生菜洗净剥开，用生菜把酸菜炒蚬肉、茨菇煮猪肉、粉丝虾米等小菜包裹起来一起吃。上述配菜也各有寓意，分别表达子孙显达、身强体壮、

普通话音频

粤语音频

长命富贵之意。当地人认为生菜会之日吃生菜包，可保一年顺景、生龙活虎、人财两旺。

　　官窑生菜会世代相传，流传已长，参与群众面广，寄托了人们迎春纳福、求子求财等美好意愿。2007年，官窑生菜会被列入佛山市首批非物质文化遗产名录，2009年被列入广东省第三批省级非物质文化遗产名录。

莫家拳

莫家拳又称六度阴阳掌，是中国传统南拳之一，属于广东五大名拳，创始人是莫达士。

传说在清朝时期，当年13岁的莫福田为了躲避战乱来到了惠州市的伙岗村，娶了当地的姑娘何氏为妻，没几年，何氏就生下了两个孩子——莫硕士、莫达士。莫达士在少林寺学习了武艺后，返回到了伙岗村。因为村里都是莫氏族人，于是就开创了伙岗村莫家拳。后来莫家拳代代相传，不断突破，帮助莫家人在战火中自我保护。传说在清朝末期，石水口村莫家拳传人莫黎胜，就曾在香港用"冲天脚"一招打败了俄国摆擂者，为祖国争光。而习武成才的莫家拳传人莫包连，也曾在清末担任过水

普通话音频

粤语音频

兵舰长；在清光绪二年，传人莫雄谋还被清朝皇帝钦点为了武进士。

莫家拳腿法最为出名，被称为"一腿胜三拳""脚重千斤力"。

2021年，莫家拳被列入第五批国家级非物质文化遗产代表性项目名录。

道教科仪音乐

2011年，道教音乐（澳门道教科仪音乐）被列入国家级非物质文化遗产代表项目名录。

道教是中国的传统宗教，其中全真教因为金庸先生的小说可能最为人所熟知，而另一个重要教派则是正一派。澳门道教科仪音乐，融合了全真教和正一派两大派系的宗教音乐。以前澳门百姓在喜庆嫁娶、新船入伙、酬神及葬礼、庙宇恭贺神诞、举行中元法会等，都会礼请火居道士，道场都会播放道教音乐来增加气氛。

说起道教音乐，历史上著名的《霓裳羽衣曲》就是一首道教法曲。传说在唐朝的时候，有位法术高明的道士叫叶法善，唐明皇经常向他请教如何飞升成仙。有一年中秋夜，唐明皇问叶法善是否有仙法可以带他去

普通话音频

粤语音频

　　游月宫，叶法善说这有何难？只见他把自己的板笏向空中一抛，瞬间化作一道银桥，延伸至月宫。

　　法善带着唐明皇向桥上走去，每走一步，身后的银桥就会消失，走了一刻钟，看到一处牌楼，上面写着"广寒清虚之府"。穿过牌楼，在庭前的一棵大桂树下，有一群白衣仙女翩翩起舞，还有一群白衣仙女在奏仙乐。叶法善告诉唐明皇，这些仙女称为"素娥"，演奏的曲子叫"紫云曲"，身上穿的叫"霓裳羽衣"。唐明皇精通音律，心里暗暗记下来，后来把这些从月宫学到的歌舞传给了杨贵妃，编成了《霓裳羽衣曲》和《霓裳羽衣舞》。

　　到了清末年间，澳门正一派周升真道长跟罗浮山全真派梁叔雅道长道谊深厚，两大派音乐借此机缘在澳门渗透交融，传承了200多年从未间断，发展成为具有本土特色的音乐。

鱼行醉龙节

2011年，鱼行醉龙节被列入国家级非物质文化遗产代表性项目名录。

以前澳门渔业兴盛，从事鱼类买卖行业的商贩们组织了一个行会叫鲜鱼行总会，这个行会有项独有的传统节庆活动——鱼行醉龙节。

每年四月初八这天，"舞醉龙"队伍就会巡游澳门七个主要菜市，通常由两名舞龙师傅各执头尾舞动，舞姿形同醉酒，他们一边行进一边对空聚力喷洒，寓意龙行喷水、风调雨顺，还有不分彼此围台进餐的"龙船头长寿饭"传统。

"舞醉龙"的传统，源自数百年前的广东省香山县。相传当年香山地区瘟疫流行，乡民纷纷礼佛，求佛祖保佑。有一日，乡民正抬着佛像路过河边，突然河中冒出一圈大水泡，一条大蛇从中跃出，乡民大吃一惊，拿起刀剑合力将它砍

普通话音频

粤语音频

断，蛇血染满了河水。

之后，乡民饮用沾染了蛇血的河水，竟然能除病祛瘟，瘟疫问题得到解决。大家都认为大蛇是龙神下凡，拯救世人，便创造出"舞醉龙"以示纪念，在每年农历四月初八举行祭祀，祈求风调雨顺，消灾解祸。

19世纪末，中国战祸连绵，当时香山一带鱼行从业者有不少都移居澳门，也就把舞醉龙带了过去，又结合了当地文化，继而演化成澳门鲜鱼行同各行业间有着团结象征的节庆活动。在数代传承人的努力下，澳门鲜鱼行醉龙节庆发展渐具规模，团队日渐庞大，成为澳门独具地方特色的大型传统节庆活动。

妈祖信俗

2014年，妈祖祭典（澳门妈祖信俗）被列入国家级非物质文化遗产代表性项目名录。

妈祖，是流传于中国沿海地区的民间信仰，她的原型是一千多年前湄洲岛上的传奇女子，原名叫林默娘，传说她自幼聪颖，得到老道秘传法术，会观测天象，能够预知海上风浪，帮助渔民消灾解难，化险为夷。人们为了纪念她，建造祠庙奉祀，希望她保佑大家出海安全。

以前澳门以渔业为主，处处都可以看到妈祖的痕迹，有近20处妈祖庙，以妈祖阁为图案的纸印、邮票等，还有不少民间传说。在1751年的《澳门纪略》中，记有两则有趣的故事。

第一个故事说的是在很早以前，有一个福建人坐船到澳门，当时同船的还有一位老妇人。当日不知何故，船航行得特别快，竟然日行千里，

普通话音频

粤语音频

从福建出发一夜之间抵达澳门。福建人惊喜莫名，又发现老妇人上岸时突然消失，而云端却出现了妈祖的身影，于是认定老妇人正是妈祖的化身。

而另一个故事说的是，一条福建商船运货到澳门，途中经过妈祖阁时遇到狂风巨浪，在危难时，妈祖神像忽然出现在妈阁山上，接着就风平浪静，商船得以平安抵达目的地，有惊无险。人们庆幸大难不死，认定妈祖从福建去到了澳门。这个故事在妈祖阁中的碑记上也能找到。

澳门与妈祖文化关系源远流长，每年天后诞前后一连五天，都有精彩的传统庆祝活动，如龙狮表演、搭建花牌、建醮、祈福等，还会在庙前空地搭上大戏棚，上演神功戏，由戏会的代表在妈阁庙内进行祈福等开锣仪式后，请神入座看戏。同时还设有神功宴，与众同乐，庆祝妈祖诞。

哪吒信俗

　　2014年，民间信俗（澳门哪吒信俗）被列入国家级非物质文化遗产代表性项目名录。

　　在小说《封神榜》和《西游记》中，都有哪吒的出现。他手执火尖枪，脚踏风火轮，身上还有混天绫和乾坤圈，法力无边，且有禳祓灾厄的能力，受到历代中国民众的喜爱与崇拜。

　　相传清朝的时候，在澳门柿山一带的村民常常见到一个陌生男童，身穿肚兜，犄髻打扮，与村童一起游戏，并且站立在石头上领导村童，虽然山坡陡斜，但从无发生意外。后来有人见到男童脚踏风火轮冲天而去，众人便认为是哪吒太子显灵，于是在他站立的石头上建庙供奉。柿山哪吒古庙始建于清康熙十八年（1679年），庙门前至今仍放置着那块"显灵石"。

　　除了柿山哪吒古庙，澳门还有一座相关的

普通话音频

粤语音频

庙。澳门在19世纪末曾暴发疫情，当时大三巴一带还十分荒凉，附近的茨林围村的居民听说柿山一带因为有哪吒保佑没有疫病，就协商将柿山哪吒庙的哪吒太子分灵，带到大三巴。后来疫情过去，很多居民认为是受哪吒太子神灵护佑，于是在1888年建了这座哪吒庙。

澳门哪吒信俗是当地别具特色的民间信仰，流传至今已有300多年的历史，既融汇民间神话传说，也结合了当地风俗文化，别具一格。每年农历五月十八日的哪吒诞，为求辟瘟保安，柿山哪吒古庙和大三巴哪吒庙都会举行开印仪式、建醮祈福、神像出巡、演神功戏、求哪吒印符等贺诞活动。

　　2017年，苦难善耶稣圣像出游被列入澳门非物质文化遗产名录。

　　澳门是个宗教文化多元共融的城市，除了有中国传统节日喜庆洋洋的舞龙醒狮，也有源于西方庄严的"苦难善耶稣圣像出游"，虔诚的天主教徒在巡游期间穿梭小城的大街小巷，从岗顶前地的圣奥斯定教堂出发，到主教座堂，翌日返回。

　　巡游的主角是一座木制的耶稣雕像，肩膀扛着十字架，头戴棘冠，右膝单跪地，脸上带伤痕，神情严肃，比一般的圣像都大，教徒称之为"大耶稣"。根据文献记载，圣像游行的传统最少也有160以上的历史。那么，这座庞大又栩栩如生的耶稣像，究竟是从哪里来的呢？

　　相传，在一个寒冷的晚上，澳门主教座堂的守门人在半醒半睡中听到敲门声，便问来者何

普通话音频

粤语音频

人？他只回答"是我"。接连三次，守门人不想离开温暖的被窝，坚决拒绝开门，叫他明天再来。之后，这位神秘人就去往不远处的圣奥斯定教堂继续敲门，圣堂的守门人心想这人在天寒地冻的夜晚来敲门，也许有特别的需要，便开门让他进来。神秘人进来后，跪在祭台前彻夜祈祷，第二天神父来到教堂后，竟然看到跪在地上的是一尊巨大的耶稣雕像。大家认为这是神迹应该放在主教座堂让众人瞻仰，于是将圣像移了过去，但过了一夜，耶稣圣像却自动回到了圣奥斯定教堂，如此一来二次，教会于是决定将圣像永久安放在圣奥斯定教堂。

2017年，花地玛圣母圣像出游被列入澳门非物质文化遗产名录。

澳门因为有着独特的历史，四百多年来中西文化、建筑、宗教、艺术在澳门融合发展，不管是昔日的小渔村，还是今天的国际城市，澳门丰富多元的文化风情有许多吸引人的地方。每年5月13日举行的年度朝圣之行——"花地玛圣母圣像出游"，就吸引了大量市民与游客。

节日当天傍晚时分，花地玛圣母圣像由身穿白衣、头戴白纱的女士抬着走在队伍的前列，队伍中有三名身穿葡萄牙传统服饰的儿童，上百名的虔诚信徒沿途举着蜡烛，唱着圣歌跟随，场面庄严肃穆。而巡游中之所以出现三名儿童，是源于一个宗教故事。

传说，1917年在葡萄牙花地玛镇，圣母玛利亚多次出现在三个小孩子面前。

普通话音频

粤语音频

最初只有天使现身，接着在天使带领下，圣母玛利亚出现了，圣母给孩子们面包和葡萄酒，并教授他们经文用来祈求世界和平。在基督教中，面包代表基督的肉体，酒则代表基督的血。获得面包和酒，在基督教中象征着最崇高的祝福。某一天，玛利亚对孩子们说："从现在开始，请把我的话全部记下，好好地封印保存起来。在得到我的通知前绝不可以除掉这个封印。"孩子们从玛利亚口中听到后记载下来的，这就是传说中非常准确的"花地玛预言"。

　　自此，各地信徒，特别是葡萄牙，都会为此举行大型庆典。这项宗教活动随后也被葡萄牙人带到澳门，于1929年首次在澳门进行，成为当地富有特色的庆典。

土地信俗

2017年，土地信俗被列入澳门非物质文化遗产名录。

中国古代神话传说中最接地气的神就是"土地公"，上保风调雨顺，下护家宅平安。澳门的土地信仰历史悠久，各形各式的土地庙、土地祠随街可见，走进任何一座民宅大楼内，土地公神龛也是家家户户门口必备的看门一宝。

南宋之前土地庙里供奉的只有土地公，其后开始出现了土地婆的形象。如今在澳门土地神庙中供奉土地公的地方大大小小多达100多个，但是供奉土地婆的只占10%左右。为什么民间大多只供奉土地公呢？在澳门流传着这样一个传说。

在早年，台湾地区有一对土地公婆因有事来到澳门。他们在沙梨头海边经过的时候，看到一位妇人在树下痛哭，于是土地公公上前问个究竟。原来那名妇女的丈夫在捕鱼时翻船，丈夫

普通话音频

粤语音频

死在海里，她很挂念丈夫，天天在海边盼望奇迹，想起丈夫就悲伤不已。

土地公听后不禁起了怜悯之心，并想通过神力帮她的丈夫复活，可是土地婆连忙阻止，并说："阎王已安排了生死，一切也有因果，如果你救了她的丈夫，就是改变因果，加上渔民因为风浪死在海里的事天天都有，你如果人人都救，就没有人死，岂不是人人都是神仙？"在土地婆的劝说下，最后土地公打消了救人念头。

因为这个故事，澳门居民认为土地婆不近人情，所以就很少有人会供奉她。

农历二月初二是土地诞，澳门人会带着纸扎祭品前往庙祠举行庄严的祭祀仪式，纪念这个古老的信俗。除此之外，还有参神祈福、醒狮助庆、上演神功戏及举办宴会等庆祝活动。

朱大仙信俗

　　2017年，朱大仙信俗被列入澳门非物质文化遗产名录。

　　朱大仙是流传于港澳地区一个比较小众的民间信仰，只流传于一部分渔民之间，至今已有八十多年。朱大仙信俗很独特，它属于道教，但是供奉形式却属于佛教，佛道合一，而且朱大仙名号不详，连神诞都不是固定的，每年需要通过投掷筊杯决定。

　　中国神话里的神仙几乎都有其民间原型，但是朱大仙的身份却是个谜。那么朱大仙的信仰是怎样传入香港和澳门地区的呢？

　　据说，当年渔民从福建请朱大仙入澳门，原本是准备在濠江建庙供奉的。但船只经大澳回濠江的时候，遇到海上大雾笼罩，视野受阻，无法继续航行回目的地，被迫在大澳靠岸，等待浓雾散去。谁知海上浓雾弥漫，迟

普通话音频

粤语音频

迟不见消散的迹象，渔民们认为这是朱大仙显灵，指定要停留于此地，于是就改变计划，决定在大澳建造寺庙供奉。自此之后，朱大仙的信俗就在港澳地区传播开来。

　　信众尊奉朱大仙为"契爷"，遇到重要事情都会卜问"契爷圣意"，并且只会在船上进行供奉祭拜。每年农历五月举行两天两夜的朱大仙"水面醮会"，是澳门唯一在水上举办的祭祀活动。醮场由数艘相连的渔船组成，醮会期间，信众会将家中的朱大仙神像请到船上的神坛，醮会结束，在神像贴上户主名字，以鲜花供奉祈福，再请回家，祈求朱大仙保平安。

盂兰胜会

2011年，中元节（潮人盂兰胜会）被列入国家级非物质文化遗产代表性项目名录。

传说，阎罗王在农历七月大开鬼门关，阴司地狱里的鬼魂可以来到人间，直到七月末才关闭。佛教将农历七月十四日定为"盂兰盆会"，而道教则称之为"中元普渡"，香港人俗称其为"鬼节"。

据说，这个节日来源于一个名为"目莲救母"的故事。根据佛经记载，有一位僧人叫目莲，他的母亲因为生前罪恶深重，死后被坠入饿鬼道中。目莲在阴间见到他的母亲受一群饿鬼折磨，就连喂到她嘴里的食物都会瞬间化为烈火，不禁十分心痛，决心要将母亲救出生天。于是目莲向佛祖求教，佛祖就给了他一套盂兰盆经，说念此经，可招来四方之神，一起

普通话音频

粤语音频

拯救他母亲。农历七月十五日，目莲按照指示，用盂兰盆盛珍果素斋供奉母亲，在地狱挨饿的母亲终于得到食物。后来，人们对无人祭祀的孤魂饿鬼，也进行建醮超度祭奠，名为施孤，也叫盂兰胜会。

　　在一百多年前，大批潮籍人士移居香港，将自己家乡盂兰胜会的传统习俗也一并带到香港。活动内容有祭祀祖先，包括烧街衣、盂兰节忌讳、神功戏、平安米、福物竞投等。农历七月入夜后，在路边燃香烛、烧街衣、焚冥纸，成了香港一道常见的街道风景。平安米是香港盂兰胜会独有的，由于在香港的潮籍商人以经营米业为多，所以在盂兰胜会的最后一天，会派米给各位善信。

大坑火龙舞

大坑舞火龙现已超过130年历史，在2011年，大坑舞火龙被列入第三批国家级非物质文化遗产名录。

大坑舞火龙，是香港世代传承的特色习俗，一般在中秋期间举行，以舞龙的方式祈求平安和丰收。

关于这个习俗的由来，有个颇为传奇的故事。据说在1880年中秋节前夕的夜晚，台风侵袭大坑村，有一条大蟒蛇吞食了村里的家畜，被村民合力打死于破屋内。第二天，台风过后，大蟒蛇的尸体竟离奇失踪，之后大坑村便发生了瘟疫，多名村民病亡。

当时有道士称这大蟒蛇原本是龙王的儿子，私自跑到民间捣乱，不料被村民打死。

普通话音频

粤语音频

因此龙王要降瘟疫来惩罚该村，为死去的儿子报仇。

　　大家听到这个说法都十分惊慌，幸好村中有另一位老人说夜晚梦到了菩萨，菩萨对他说只要中秋佳节舞火龙绕村游行，同时燃烧爆竹，瘟疫就可以祛除了。

　　可能是由于爆竹内含硫磺，确实有消毒功效，村民照此法举行仪式之后，瘟疫果然逐渐消除。村民们见这个办法果然有效，自此之后就每年扎制火龙，巡行全村，以求安康。

黄大仙

2014年，民俗信仰（黄大仙信俗）被列入国家级非物质文化遗产代表性项目名录。

香港的黄大仙祠，是香港九龙的著名胜地，也是香港一个香火非常兴旺的道教庙宇，在香港人心目中有着独特的地位。黄大仙最早见于葛洪的《神仙传》，是广东地区传统的神仙信俗之一。在1915年传入香港，成为香港人生活的重要组成部分。

关于"黄大仙"还有这样一个传说。黄大仙的原名叫黄初平，是浙江金华兰溪人。他和哥哥黄初起幼年就父母双亡，家境贫寒。但初平聪明颖悟，心地善良，兄弟俩辛勤劳作，砍柴牧羊，相依为命。15岁那年，黄初平上山牧羊，遇到了一位道士。这位道士觉得黄初平是可造之材，于

普通话音频

粤语音频

　　是将他带到金华的赤松山修炼，最后黄初平终于得道成仙，别号赤松子。据说后来他的哥哥曾经去找他，一见面，哥哥就问起："你放的羊都到哪里去了？"

　　黄初起的羊当然早就不见了，于是他大喝一声："起！"只见周围的石头忽然全都变成了羊，让哥哥带回家中。

　　得道之后，黄初平在东南沿海一带赠医施药、为民除恶，百姓感激不已，称他为"黄大仙"。因此民间便有了祀奉黄大仙的习俗。

香港天后诞

　　天后诞，是庆祝天后妈祖诞辰的中国传统节日，在每年农历三月廿三日举行。渔民们不仅视妈祖为海神，还视其为赐福降运之神，香港人则把妈祖敬奉为"天后"，建庙宇祭祀，以求富贵吉祥、风调雨顺。

　　2017年，香港天后诞被列入香港非物质文化遗产名录。而在2012年，香港旅游发展局为了推广香港旅游业，还曾经为天后诞做过一次特别的庆祝活动。在4月13日，香港旅游局找来四十多条渔船以及帆船"鸭灵号"，在维多利亚港上演大型海上巡游，重现当年渔港风情，吸引了大批市民和游客在海边观看。

　　这支特别的船队从九龙湾出发，一直驶到会展中心新翼对出的海面，只见船上插满各

普通话音频

粤语音频

式各样的旗帜，上面有写"天后宝诞"的，有写"风调雨顺"的，还有写"网网千斤"的，正是早年渔民对妈祖的祈求。

可以说，天后诞不但是香港的文化特色之一，也是香港旅游业一道独特的风景线。

香港丝袜奶茶

2017年，港式奶茶制作技艺被列入香港非物质文化遗产代表作名录。

港式奶茶俗称"丝袜奶茶"，由调配茶叶、煲茶、撞茶、焗茶、撞奶等步骤泡成，并融合了中西方饮食文化。英国在香港殖民期间，将"下午茶"的饮食文化带入香港，其中就包括了英式奶茶，即在斯里兰卡细叶红茶中加入淡奶和糖。20世纪50年代，香港地区的人们对于饮品的需求逐渐提高。为了让普通百姓也喝上奶茶，店家就开始使用价格实惠的锡兰红茶泡制奶茶，本土化后的港式奶茶成为了香港最流行的饮品之一。

据说，最初港式奶茶味道苦涩，并不可口。因为当时的店家都使用大水壶煮茶，而大水壶的份量大，需要好长时间才能用完一壶茶

普通话音频

粤语音频

水。煮的时间一长，就容易过了火候，导致冲出来的茶水又苦又涩。当时有一位来自潮州的年轻人叫林木河，他到香港之后在叔叔的档口帮工，后来成立了自己的品牌"兰芳园"。为了改善奶茶的口感，林木河就找来了打铁师傅，以每壶只能冲10杯奶茶的定制小铜壶来控制煲茶的时间和新鲜度，取名为"手壶"，还选用白毛布手工缝制了隔茶渣的纱网袋。这样冲出来的奶茶浓淡适中，口味独特，大受欢迎。

那时，林木河的这个小排档，吸引了附近来来往往的工人们。他们看到隔茶渣的纱网袋被奶茶染成淡咖啡色，以为这是女子穿的丝袜，于是每次都大叫"给我一杯丝袜奶茶"。就这样，林木河的港式奶茶有了"丝袜奶茶"这一有趣的名字。

香港长洲太平清醮

2011年，香港长洲太平清醮被列入第三批国家级非物质文化遗产代表性项目名录。

香港长洲太平清醮，又名包山节，是香港长洲海陆丰籍居民举办的一个非常热闹的节日，在每年四、五月间举行，是一个极富地方特色的节庆活动。建醮期一连五天，举办各种祭祀仪式，全岛居民食素，游人也找不到一间食肆卖荤菜或海鲜。甚至连码头附近的麦当劳也要"入乡随俗"，用蘑菇包代替有肉的汉堡包。

关于太平清醮的由来，传说在清朝中期，当时长洲发生瘟疫，死亡的百姓不计其数，岛民在惊惶之余，聚集在北帝庙前，祈求消灾解难。后来得到北帝指示，请高僧设坛来祭拜忏悔，超度亡魂，又扮成神祇在大街上游行驱赶瘟神，瘟疫才得以祛除。其间，长洲北帝庙前竖起三个包

普通话音频

粤语音频

山，作为祭祀之用。每个包山高约13米，用竹棚搭成，每个包山挂上约16000个包子。

因此，"抢包山"多年来便成为了长洲历史传统习俗，长洲居民制作平安包，供奉神灵之余，也相信吃下可以保平安，所以每年的活动都吸引数百名壮汉抢包，是太平清醮的一个极具特色的活动。

太平清醮以其独特的内容，不但成为长洲人的盛事，更受到广大市民的欢迎，甚至吸引了大量游客慕名而来。

香港花牌制作技艺

2014年，香港花牌制作技艺被列入香港非物质文化遗产清单。

花牌，是香港历史悠久的大型装饰纸扎艺术，从色彩搭配、书法到装饰风格，都蕴含着浓浓的中国传统风韵。

从20世纪20年代开始，每逢中国传统的喜庆节日、开张乔迁、婚嫁添丁等，香港人都会搭建大型花牌耸立在街头巷尾醒目的位置。高达两三层楼、五颜六色的花牌显得极为抢眼，其上描龙画凤、花团锦簇，写满了"恭贺新禧""丁财两旺""风调雨顺"等祝福语。在信息不发达的年代，花牌有广而告之的作用，谁家有喜事，走过路过的客人，远远地看到花牌就知道了。

普通话音频

粤语音频

花牌制作工序繁复，讲究的是工整对称。两边有龙凤柱，最上面是凤头、雀顶，中间有手写体棉花字，主次分明，其间用锦纸手工折叠的花朵点缀。最后搭好竹棚将花牌悬挂上去，四周以红布环绕，装上漂亮的灯饰，晚上灯火通明、熠熠生辉。好的组件往往可以循环用上十几年。例如，在元朗的"李炎记花店"里，保存着一对龙头鱼身的纸扎造型——鳌鱼，这是老店主扎做的，上面的油漆虽然已重新涂过，但龙骨支架已使用超过60年。

随着时代变迁，花牌行业日渐式微，现在香港仅存的四五家花牌作坊，都在努力将这门传统工艺传承下去。

食盆

　　2017年，食盆被列入香港非物质文化遗产代表作名录。

　　香港新界本地围村有个传统，会在宗族祭祀、打醮、婚嫁、添丁"点灯"、祠堂开光等场合，烹煮盆菜以飨族人，称为"食盆"，族人围坐而食，象征团结。盆菜是新界本地宗族乡村传承了数百年、保存至今的一项独特饮食文化，不但起着维系族群的作用，而且具有确认宗族成员身份的社会功能。

　　盆菜，一直以来都是乡间的喜庆节日必选的传统菜式。过去，农村里有喜庆事，便在空旷的地方，摆上木台木凳，以柴火烧制，大家围着热烘烘的盆菜，一边品尝，一边庆祝。它既有节省餐具的优点，又含有十全十美、团团圆圆、盆满钵满、生意兴隆的美好寓意。

　　关于香港盆菜的起源说法不一，其中一个

普通话音频

粤语音频

故事是，相传在南宋末年，宋帝为逃离金兵追赶，落难到如今的香港元朗，饥寒交迫。正当随从四处张罗食物之际，当时的村民得悉皇帝驾临，当然希望殷勤招待，纷纷将家中最珍贵的食物贡献出来，但是仓促间找不到大量盛装菜肴的器皿，于是急中生智用大木盆充当器皿，盛满佳肴，这也是盆菜一向把最贵重的食材摆在最上层的由来。

另一个说法是：宋末大将文天祥率部下被元兵追杀，经过珠江口狼狈逃至现深圳市的滩头。当时，文天祥登陆滩头时天色已晚，部队只有随身带备之米糕干粮，缺乏菜肴。船家们同情忠臣，用自己储备的猪肉、萝卜，加上现捕的鱼虾为他们烹煮菜肴，船上没有那么多碗碟，只好将就，拿木面盆一齐盛出来。这就是最早的盆菜了。